요한계시록

예수님의 나라
Perfect Church

김성만 지음

Q 쿰란출판사

안녕
하세

요한계시록

Perfect Church

추천의 글

김성만 목사님이 세 번째 출판하는
《예수님의 나라》는 예수님의 신부 된 성도들이
새롭게 될 이 땅에서 그토록 사모하며 기다리던
그리스도의 나라(계 11:15)에 대한 이야기입니다.

이 나라를 더 현실감 있게 더 깊은 소망으로 확실하게 그려낸
이 책을 통해 얻은 멋진 날에 대한 기대감은
마치 신부의 심장처럼 행복감을 넘치게 합니다.

예수님께서 요한계시록에서 모든 교회의 원형인
일곱 교회를 통하여 말씀하신 것처럼
이 책은 이기는 성도들이 장차 들어갈 영광의 나라를 보여줍니다.
이것은 교회의 완성인 예수님의 나라인 것입니다.

그래서 김 목사님의 세 번째 책은
우리가 이 땅에서 이기는 자의 삶을 더 적극적으로 살아가게 하는
진정한 동기부여를 심어줄 것이라고 확신하며
기쁘게 추천을 하는 바입니다.

나의사랑교회
심재진 목사

추천사

"일곱째 천사가 나팔을 불매 하늘에 큰 음성들이 나서 이르되 세상 나라가 우리 주와 그의 그리스도의 나라가 되어 그가 세세토록 왕 노릇 하시리로다"

오랜만에 아내의 친구 모임에 갔다가 예배를 인도했습니다. 그 예배 시간에 요한계시록 11장 15절 말씀을 나누었습니다.

이 말씀은 주님의 기도인 주기도문의 '나라가 임하옵시며'가 성취되는 순간이라고 전하며 성도가 이렇게 얼굴과 얼굴을 맞대고, 서로를 보면서 진실하게 예배드리듯이 천년왕국에서 서로를 보게 되는 것도 현실이 될 것이라고 전하고 있습니다.

예배 후 한 권사님이 이렇게 소감을 얘기하는데 마음이 안타까웠습니다.
'왜 이 말씀을 아직까지도 몰랐어야 하죠?'

저도 잘 몰랐습니다.
그게 누구의 책임이냐고 탓하기보다는 이제는 직분을 떠나 누구나 크리스천이라면 요한계시록 말씀 앞에 서야 할 때가 왔습니다.

한국교회가 성령의 음성을 들어야 할 때가 온 것입니다. 만시지탄이지만 말입니다.

파주에서 만난
김성만 목사님과의 인연이
주님의 나라 천년왕국으로
이어지도록, 주님께서 만나게 해주시는 것 같습니다.

김 목사님 덕분에, 희미하게 알고 있던 예수님의 나라 천년왕국에 큰 소망을 갖게 된 점을 하나님께 감사드리며, 한국교회 성도님들에게 적극적으로 추천합니다.

시흥임마누엘교회
서정식 목사

머리말

각 주제의 마지막에 나오는 댓글은 중국 심양에서 한인교회 목회를 하시고 은퇴하신 박철수 목사님의 글입니다. 이 글들은 마음을 따뜻하게 하고 사명에 대한 깊이를 헤아리게 하는 응원의 메시지와 같습니다.

목사님의 목회에 잠시나마 예배자로 참석한 한 해가 있었는데, 큰 힘이 되었습니다. 그 시기인 2009년도는 세계에 금융위기가 닥쳐 중국에 거주하는 입장에서 아주 힘든 기간이었지만 오히려 요한계시록의 말씀을 읽고 묵상하는 계기가 되어 오늘에 이르렀습니다.

어느 날 목사님께서 주일설교에 계시의 말씀을 인용하셨는데, 그 중심부로 들어가 요한계시록의 필요성을 강조하신 바가 참으로 인상 깊었습니다. 대개 요한계시록에 대한 설교가 주변에 머물다가 아쉽게 끝내는 것이 대부분입니다. 제대로 이해하지 못한 상태로 끝이 납니다. 참으로 요한계시록의 신실함에 못 미치는 설교이기에 아쉬움이 있었는데, 목사님의 중심부 설교는 신선한 기쁨이었습니다.

그날의 감동과 기쁨이 남아서 그런지, 십여 년이 지난 지금도 목사님과 페이스북으로 인연이 되어 요한계시록의 말씀을 나누고 있습니다. 또한 《요한계시록을 풀어 쓴 시(詩)》에서 댓글과 응원의 메시지를 주셔서 늘 큰 힘이 되곤 합니다. 때론 약간의 힘겨운 시기에, 작년 병원에 입원했을 때에 목사님의 마음의 기도와 메시지는 다시 요한계시록 강해가 저의 사명으로 견고히 서도록 해 주었습니다.

금번 세 번째로 내는 책 《예수님의 나라》는 한 주제마다 목사님의 댓글을 사용해서 강해의 풍미를 더해 주고 엣지와 같이 멋진 여백을 채워주고 있습니다. 생각해 보니 목사님의 모습이 너무 멋지시고, 설교의 제스처와 내용이 섬세하고 맑고 깊어서 예배자로 한 해 동안 큰 힘을 얻었는데, 이렇게 인연이 된 것에 무엇보다 하나님께 감사드립니다.

이번 기회에 댓글을 그대로 옮겨 소개할 수 있어서 너무나 좋습니다. 오직 교회와 성도를 위한 하나님의 말씀, 이 요한계시록 강해에 기쁘게 댓글로 함께해 주셔서 이 책을 빛내 주셔서 진심으로 감사드립니다.

2022년 2월 23일 새벽
여주에서
김성만 목사

목차

추천의 글 _ 심재진 목사(나의사랑교회) 5
　　　　　 서정식 목사(시흥임마누엘교회) 6
머리말_ 8

⌘ 예수님의 나라(1)　　　　　　　　　　　15
　1. 시온 산　　　　　　　　　　　　　　　22
　2. 하나님의 성전　　　　　　　　　　　　36
　3. 유리 바다/ 천국　　　　　　　　　　　44
　4. 새 예루살렘　　　　　　　　　　　　　50
　5. 장자들의 모임　　　　　　　　　　　　61
　6. 의인의 영들　　　　　　　　　　　　　69
　7. 완벽한 교회(Perfect Church)　　　　　　75

⌘ 예수님의 나라(2)　　　　　　　　　　　81
　8. 금 제단　　　　　　　　　　　　　　　88

9. 일곱 등불	93
10. 낙원/ 셋째 하늘	100
11. 무저갱/ 셋째 하늘	108
12. 영원한 복음	113
13. 천사	117
14. 예표	123

⌘ 예수님의 나라(3)   129

15. 음녀	134
16. 큰 성 바벨론	139
17. 24장로	144

18. 큰 구렁텅이 149
19. 히브리어 153
20. 할렐루야 161

⌘ 예수님의 나라(4) 165

21. 혼인 잔치 170
22. 피와 불과 연기 176
23. 이방인의 충만한 숫자 181
24. 마라나타 186

⌘ 요한계시록과 구원(1) 191
⌘ 요한계시록과 구원(2) 200

⌘ 메타버스와 요한계시록(1)   204

⌘ 메타버스와 요한계시록(2)   209

⌘ 메타버스와 요한계시록(3)   214

⌘ 메타버스와 요한계시록(4)   218

⌘ 메타버스와 요한계시록(5)   225

⌘ 천사의 품격과 협업   229

⌘ 모순을 검증하며 다시 말씀으로 회귀하네   234

⌘ 주기도문(요한계시록 버전)   241

에필로그 _ 243

예수님의 나라(1)

하나님의 나라는 천국이고, 예수님의 나라는 역사에서 이룰 천년의 나라입니다. 하나님의 나라는 현재의 복음에서 이루고, 예수님의 나라는 복음의 끝에서 펼쳐지는 역사의 현장입니다. 먼저 성경에서 어떻게 지목하고 있는지를 살펴볼 텐데, 먼저 누가복음입니다.

"너희로 내 나라에 있어 내 상에서 먹고 마시며 또는 보좌에 앉아 이스라엘 열두 지파를 다스리게 하려 하노라"(눅 22:30).

이 말씀에는 예수님의 나라, 예수님의 식탁, 예수님의 보좌가 있습니다.

이 배경에 있는 복음서를 보면 예수님은 세상이 새롭게 되는 날에 주실 것이라고 하십니다. 또한 예수님은 요한의 어머니 살로메의 믿음의 요청에 대하여 지혜로운 대답으로 응답하십니다. 침노란 믿음의 가치를 실천하는 행위에서 빛이 납니다. 또한 사도 바울의 권면에서 다시 살아납니다. 이는 예수님의 재림과 예수님의 나라를 두고 권하는 말씀입니다.

"하나님 앞과 살아 있는 자와 죽은 자를 심판하실 그리스도 예수 앞에서 그가 나타나실 것과 그의 나라를 두고 엄히 명하노니 너는 말씀을 전파하라 때를 얻든지 못 얻든지 항상 힘쓰라 범사에 오래 참음과 가르침으로 경책하며 경계하며 권하라"(딤후 4:1-2).

예수님의 나라는 구속사의 완성에서 다시 시작됩니다. 예수님의 나라는 예수님의 재림과 창조주 하나님의 창조로 천 년 동안 이뤄집니다. 우선 천국의 상황을 살펴보겠습니다. 히브리서에서 제시한 천국은 하늘에 있는 것들을 보여줍니다. 그 모형과 그림자는 우리의 현실에서 그대로 보게 됩니다. 이 내용은 모세의 시대에서 알게 됩니다.

"그들이 섬기는 것은 하늘에 있는 것의 모형과 그림자라 모세가 장막을 지으려 할 때에 지시하심을 얻음과 같으니 이르시되 삼가 모든 것을 산에서 네게 보이던 본을 따라 지으라 하셨느니라"(히 8:5).

모세 시대에 장막이나 그 안에 있는 것들이나 예법은 모두 하늘에서 본 그대로 실행한 것입니다. 하늘에서 본 그대로 만들고, 그대로 실행하는 것이 모세 시대에 나타난 선명한 하나님의 뜻입니다.

모세와 함께 본, 시내 산에서 일어난 일들의 진정한 모습은 천국에서 이미 이룬 것들입니다. 이미 천국에 있는 것들을 나열하고 있습니다.

> "그 보이는 바가 이렇듯 무섭기로 모세도 이르되 내가 심히 두렵고 떨린다 하였느니라 그러나 너희가 이른 곳은 시온 산과 살아 계신 하나님의 도성인 하늘의 예루살렘과 천만 천사와 하늘에 기록된 장자들의 모임과 교회와 만민의 심판자이신 하나님과 및 온전하게 된 의인의 영들과 새 언약의 중보자이신 예수와 및 아벨의 피보다 더 나은 것을 말하는 뿌린 피니라"(히 12:21-24).

모세와 백성들이 본 것은 시내 산에 있는 것이 아니라 천국에 있는 것입니다. 천국에서 자세히 본 실제를 나열하면 다음과 같습니다.

시내 산이 아니라 시온 산입니다.
가나안이 아니라 예루살렘입니다. 이는 살아 계신 하나님의 도성이며, 하늘의 예루살렘입니다. 이스라엘 12지파는 본래 하늘에 기록된 장자들의 모임에서 나온 것입니다.

시내 산과 가나안과 예루살렘과 이스라엘 12지파는 이 땅에 있는 모형이고, 그림자입니다. 본래의 의미는 시온 산이며, 하늘의 예루살렘이며, 하늘에 속한 장자들입니다. 거기에 천만 천사들이 있습니다.

구속사로 나타난 지상의 교회는 본래 천국에 있습니다.

천국에는 만민의 심판자이신 하나님이 계십니다. 천국에는 또한 새 언약의 중보가 되신 예수님이 계십니다. 예수님의 새 언약이란 무엇일까요? 이는 영원한 복음입니다. 그 핵심은 예수님의 재림과 예수님의 나라가 실현되는 것입니다. 여기에 온전하게 된 의인의 영들이 있습니다. 온전한 의인의 영은 교회의 성도입니다.

천국에서 영원한 존재는 누구입니까? 하나님, 예수님, 천사들, 성도들, 장자들입니다. 천국에서 보여준 영원한 것은 무엇입니까? 시온산, 예루살렘, 교회입니다.

천국에서 보여준 것들은 참된 것이고, 영원한 것입니다. 이것이 세상에서 모형으로 나타나고, 그림자로 나타납니다. 그러면 우리는 여기에 담긴 하나님의 계획과 뜻을 발견하고 믿고 추구하는 것입니다. 우리는 모세 시대에 하늘에서 보여준 것들을 아주 세밀하게 만들고 세우며 추구하였습니다. 그 안에는 하나님의 비밀이 담겨 있습니다.

십계명/ 제단/ 성소/ 증거궤/ 진설병 상/ 등잔대와 기구들/ 성막/ 등불/ 제사장 옷(에봇) 겉옷/ 속옷/ 놋 물두멍/ 속전/ 향 등등

"곧 회막과 증거궤와 그 위의 속죄소와 회막의 모든 기구와 상과 그 기구와 순금 등잔대와 그 모든 기구와 분향단과 번제단과 그 모든 기구와 물두멍과 그 받침과 제사직을 행할 때에 입는 정교하게 짠 의복 곧 제사장 아론의 성의와 그의

아들들의 옷과 관유와 성소의 향기로운 향이라 무릇 내가
네게 명령한 대로 그들이 만들지니라"(출 31:7-11).

구약의 성경과 신약의 성경은 세 가지로 전진합니다.
첫째는 구속사의 길입니다. 둘째는 역사의 길입니다. 셋째는 복음의 길입니다. 구약에 제시된 그림자들은 구속사를 안내하고, 통치사를 안내합니다. 이는 역사의 과정에서 이루고, 복음의 과정에서 이루며, 예수님의 재림을 통하여 예수님의 나라에서 모두 이룹니다. 천국에서 이루고자 하는 것은 세상에서 예수님의 나라를 이루는 것입니다.

구속사는 예수님의 초림과 예수님의 재림으로 완성하고, 역사는 일곱 역사를 규정하였으니 이것을 이루면 역사는 완성됩니다. 복음은 이방인의 충만한 숫자가 채워지고 유대인의 복음이 펼쳐지면 그 1,260일로 완성됩니다. 이 모든 완성의 길에서 하나로 통일되는 것이 예수님의 나라입니다. 예수님의 나라에서 그 천 년이란 모든 것을 완성하는 길입니다. 여기서 발견하게 되는 하나님의 선물입니다.

"하늘에 있는 것이나 땅에 있는 것이 다 그리스도 안에서
통일되게 하려 하심이라"(엡 1:10).

이제 《요한계시록을 풀어 쓴 시》로, 《하나님의 소원》으로 요한계시록의 아름다움과 영화로운 세계를 출판하여 전했습니다. 그리고 《예수님의 나라》(Perfect Church)라는 세 번째 책을 정식으로 출판합니다. 천국에서 본 그대로 이 세상에서 이뤄질 아름답고 영화로운

세계로 인도하고자 합니다. 그러면 예수님을 더욱 깊게 사랑하고, 예수님의 재림을 열망하며, 예수님의 나라에서 이룰 교회의 진정한 천년의 꿈이 믿음으로 펼쳐집니다. 요엘서의 결론이 새겨집니다.

> "사람이 많음이여, 심판의 골짜기에 사람이 많음이여, 심판의 골짜기에 여호와의 날이 가까움이로다 해와 달이 캄캄하며 별들이 그 빛을 거두도다 여호와께서 시온에서 부르짖고 예루살렘에서 목소리를 내시리니 하늘과 땅이 진동하리로다 그러나 여호와께서 그의 백성의 피난처, 이스라엘 자손의 산성이 되시리로다 그런즉 너희가 나는 내 성산 시온에 사는 너희 하나님 여호와인 줄 알 것이라 예루살렘이 거룩하리니 다시는 이방 사람이 그 가운데로 통행하지 못하리라"(욜 3:14-17).

이 결론은 요한계시록에서 더욱 섬세하게 빛이 납니다.

> "이 첫째 부활에 참여하는 자들은 복이 있고 거룩하도다 둘째 사망이 그들을 다스리는 권세가 없고 도리어 그들이 하나님과 그리스도의 제사장이 되어 천 년 동안 그리스도와 더불어 왕 노릇 하리라"(계 20:6).

성경의 세 가지 길인 구속사의 길과 역사의 길과 복음의 길에서 교회는 이 모든 것을 하나로 묶는 충만함입니다. 교회의 목표는 복음의 길에서 완성됩니다. 이는 이방인 성도들과 이스라엘 성도들이 교회로 하나가 되는 것입니다.

　요한계시록 7장, 11장, 14장을 보면 이스라엘이 어떻게 교회로 나오는지 그 비밀을 가르쳐 줍니다. 교회의 목표는 역사의 길에서 완성됩니다. 일곱 역사를 지정하여 그 과정을 이루십니다. 여기에 교회를 큰 핍박으로 이끄는 적그리스도 시대를 1,260일로 규정하여 그 큰 환난을 어떻게 교회가 이기는지를 보여줍니다. 그 결정적인 한방이 바로 하나님의 비밀의 숫자 144,000명의 이스라엘 순교자라는 사실에서 복음의 깊이를 드러냅니다. 이는 이스라엘 조상의 죄의 분량(마 23:29 이하)에 대해 확실하게 충족하는 증거입니다.

> "이 사람들은 여자와 더불어 더럽히지 아니하고 순결한 자라 어린 양이 어디로 인도하든지 따라가는 자며 사람 가운데에서 속량함을 받아 처음 익은 열매로 하나님과 어린 양에게 속한 자들이니 그 입에 거짓말이 없고 흠이 없는 자들이더라"(계 14:4-5).

　이 사람들은 선지자들의 자손이고, 언약의 자손이며, 혈통으로나, 육적으로나, 국적으로나, 복음에서나 이스라엘 마지막 자손들입니다. 144,000명은 마지막 시대에 마지막 순교자를 충족한 숫자입니다. 이단들이 자신들로 합리화하는 거짓은 하나님의 판단을 받게 됩니다. 우리도 반성해야 할 것이 있습니다. 이스라엘의 역사를 무시하고 우리 자신을 영적으로만 지나치게 합리화한 잘못을 반성하고 고쳐야 합니다.

시온 산

첫째, 아브라함이 모리아 산에 서다

하나님께서 아브라함에게 주신 영원한 언약은 가나안 온 땅을 그의 후손들에게 영원한 기업으로 주신다는 약속에 있습니다. 그러나 아브라함의 나이 99세 때에, 이 약속에 대한 신뢰가 무너질 때에 계시의 문을 열어주십니다.

"아브람이 이르되 주 여호와여 무엇을 내게 주시려 하나이까 나는 자식이 없사오니 나의 상속자는 이 다메섹 사람 엘리에셀이니이다"(창 15:2).

이것은 아브라함만이 아니라 후대에 베드로의 질문에 담긴, 그 무언가 채우지 못한 부족함과 같은 것입니다. 이에 대한 충만함은 사역의 마지막에서 계시로 채울 수 있습니다. 지혜와 계시의 영은 하나님의 말씀을 충만하게 하는 채움입니다. 계시로 말미암아 천국에서 처음으로 대한 시온 산은 세상에서 어떻게 충족되고 완성되는지를 복음의 깊이로 발견하게 되는 것입니다.

어느 은퇴 목사님이 2021년 소망에 'Super Ager'라는 이상을 담은 것을 봤는데, 이는 아브라함의 사역에서 그 시작점에 있는 것과 같습니다. 아브라함은 인생의 과정에서 중요한 시점에 설 때가 있었습니다.

첫째로, 아브라함은 아비멜렉과 우물 쟁탈전에서 평화협정을 맺고 일곱 암양 새끼를 주고 우물에 대한 권리를 확보합니다. 그렇다면 영적으로 비유적으로 이 우물이 지향하는 바는 무엇입니까? 일곱 암양 새끼와 우물은 그 지향하는 바에 있어서 구속사의 관점으로 깊이 보게 합니다.

둘째로, 평화협정을 기념하여 에셀나무를 심어 여호와 하나님께 영광을 돌립니다. 이 에셀나무는 무엇을 지향하는 것일까요? 이것은 구속사의 열매를 드러냅니다.

아주 오랜 후에 2020년 8월 13일, 우리 시대에 이스라엘과 이슬람 간에 아브라함 협정을 맺으며 그 기념으로 평화공원을 세우고 18그루의 올리브 나무를 심습니다. 여기에도 생각의 여지가 많습니다. 아마도 18그루의 6+6+6이라는 숫자도 단순하지는 않습니다. 에셀나무는 구속사의 관점에서 보는 것이고, 올리브나무는 마지막 시대가

지향하는 바가 무엇인지를 지목해 주고 있습니다.

아브라함은 모리아 산에서 있을 여호와 이레의 역사를 체험하게 합니다. 아브라함에게 이미 드러난 것을 보면 우물의 물, 에셀나무, 산입니다. 이 산은 모리아 산입니다.

이 모리아 산에는 장차 가나안이 있으며, 먼 미래에 예루살렘의 시온 산이 있습니다. 이는 역사적으로도 그러하고 적용 면에서도 뛰어난 해석입니다. 그러면 언제 드러날까요? 그 시작점을 찾아봅니다.

솔로몬 시대에 비로소 그 시온 산의 첫 영광이 충만해집니다.
시온 산은 성산이며, 거룩한 예루살렘입니다. 시온 산은 구속사의 관점에서 십자가와 죽음과 부활이 있고, 통치사의 관점에서는 에셀나무와 우물의 공간인 땅이 있고, 여호와 이레는 그 의미를 더 깊게 해줍니다.

이는 에덴 안의 생명나무와 에덴이라는 예수님의 나라에 참여할 첫째 부활자를 깊이 감추고 있습니다. 비유적으로 아주 적절하게 숨겨놓은 듯합니다. 마치 교회학교에서 소풍가는 날에 보물찾기 하는 기분처럼 흥미를 더해줍니다.

하나님께서 아브라함에게 주신 말씀에는 후손들이 역사적으로 이집트에서 400년 동안 종살이 할 것이고, 그 나라를 징벌할 것이며, 큰 재물을 이끌고 4대 만에 나와 가나안 땅을 차지할 것이라고 하셨습니다.

아브라함은 선지자(창 20:7)입니다.
다니엘과 같으며, 사도 요한과 같습니다. 그들이 받는 공통적인 축복은 아름답습니다. 요한계시록의 축복의 말씀인 주 안에서 죽은 자의 복과 같습니다(계 14:13).

"너는 장수하다가 평안히 조상에게로 돌아가 장사될 것이요"(창 15:15).

아브라함에게 시온 산은 보이지 않는 믿음의 실제, 씨앗의 단계입니다.
그 안에 담긴 열매들이 무엇인지를 아브라함 자신은 잘 모를 것입니다. 공개적인 입장에서도 아직 먼 장래의 일들입니다. 반드시 일어날 일들이지만 요한계시록에서 만나는 시온 산은 상상할 수 없는 세계인 것입니다.

천국에서 이룬 첫 번째는 시온 산입니다.
크고 높은 시온 산에 올라 하나님의 영광으로 채워진 세계를 보는데 그것이 세상에서 이뤄야 할, 정복해야 할 산입니다. 천국에서 보는 세상에 대한 것은 시온 산에 누가 올라가 완성하느냐 하는 과제를 줍니다. 이것이 각 시대의 과제이고 오늘 우리가 풀어야 할 몫입니다. 처음도 중요하지만 끝이 더 중요함은 씨앗의 열매를 보는 것과 같습니다. 시온 산은 과연 어떤 열매일까요?

아브라함 때부터 서서히 드러난 시온 산은 처음에 모리아 산의 내용으로 채워집니다. 모리아 산에 오를 때에 어린 양 일곱과 에셀나무와 여호와 이레의 단계로 나아갑니다. 여기에 담긴 의미가 곧 시온 산의 완성을 이루는 구속사와 통치사의 재료들이 되는 것입니다.

시온 산은 히브리서에 기록된 천국의 모델입니다.
천국에서 보여준 시온 산은 과연 세상에서 어떻게 이루어 완성할 수 있을까요? 이것이 모든 기도의 주제입니다. 반드시 알아야 합니다. 반드시 이뤄야 합니다.

둘째, 모세가 비스가 산(또는 느보 산)에 서다

모세는 40세까지 이집트의 왕자였고, 80세까지 미디안의 유목민이었고, 120세까지 이스라엘 민족을 이끄는 지도자였습니다. 그는 하나님께서 아브라함에게 약속하신 바와 같이 400년 후에 이스라엘을 이집트에서 이끌어내어 광야 40년을 함께한 지도자입니다. 이집트에서 가나안까지 가는 긴 여정에 선 선지자입니다. 사도행전을 보면 모세의 사역에 관한 평가가 이렇게 나옵니다.

> "시내 산에서 말하던 그 천사와 우리 조상들과 함께 광야 교회에 있었고 또 살아 있는 말씀을 받아 우리에게 주던 자가 이 사람이라"(행 7:38).

모세는 살아 있는 말씀, 하나님의 말씀을 직접 듣고 자세하게 가르쳐 준 선지자입니다. 그는 세 번 산을 오릅니다. 시내 산, 비스가 산, 변화산입니다. 먼저 모세는 시내 산에 오릅니다.

그는 살아 있는 말씀을 받아 주는 자라고 설명합니다.
이것은 어느 시대나 말씀을 전하는 자의 기본입니다. 비유에서 천국의 서기관이고, 옛것과 새것을 구분하여 양식을 주는 지혜이며, 충성입니다. 모세는 사역의 마지막에 비스가 산에 오릅니다. 여리고 성을 우회하여 저 북쪽의 산에서 멈춰 있습니다. 이것은 놀라운 기회입니다.

> "여호와께서 그에게 이르시되 이는 내가 아브라함과 이삭과 야곱에게 맹세하여 그의 후손에게 주리라 한 땅이라 내가 네 눈으로 보게 하였거니와 너는 그리로 건너가지 못하리라 하시매"(신 34:4).

먼저 보이십니다.
신명기 34장에서 1, 2, 3절의 감춰진 비밀은 모세에게 먼저 보이는 것, 드러난 것을 보여주십니다. 그리고 생략된 하나님의 마음의 그림을 보는 것입니다. 그것으로 충만해집니다.

신실한 종들이 사명을 끝낸 시점에 다시 주시는 보너스와 같은, 깊은 뜻을 알려주십니다. 복음서를 통해서 재조명하면 모세가 가나안보다 더 깊은 예수님의 나라를 알았다는 사실에 의문의 여지가 없습니다.

모세의 시체가 없는 이유는 신앙이란 죽어도 살아 있는 믿음이라는 실제를 담고 있기 때문입니다. 모세는 죽었으나 그의 믿음은 살아 있습니다. 이것이 의미상으로만 끝나는 것이 아닙니다.

모세는 아주 오랜 후에, 또는 죽은 후에 예수님의 변화산에 오릅니다. 엘리야와 함께 예수님의 죽음을 통한 구원의 길에 있을 대화를 나눕니다. 이것은 환영이 아닙니다. 실제 이상의 영적인 일입니다.

"문득 두 사람이 예수와 함께 말하니 이는 모세와 엘리야라 영광 중에 나타나서 장차 예수께서 예루살렘에서 별세하실 것을 말할새 베드로와 및 함께 있는 자들이 깊이 졸다가 온전히 깨어나 예수의 영광과 및 함께 선 두 사람을 보더니"(눅 9:30-32).

아브라함의 모리아 산, 그리고 모세의 비스가 산보다 더 깊고 높은 시온 산은 더욱 이스라엘 자체의 이름으로 불립니다. 그것이 다윗 시대에 선명하게 각인됩니다. 드디어 이스라엘이 영토와 왕권과 백성을 가진 주권국가로 세상에 알려집니다. 대략 기원전(B.C.) 1,000년의 시점입니다. 다윗의 아들, 솔로몬 때에 세상의 중심에 서게 됩니다. 이것이 역사적으로 시온의 영광입니다.

"솔로몬 왕의 재산과 지혜가 천하의 모든 왕들보다 큰지라 천하의 열왕이 하나님께서 솔로몬의 마음에 주신 지혜를 들으며 그의 얼굴을 보기 원하여"(대하 9:22-23).

솔로몬 시대는 천하의 모든 왕들이 교류하는 장이 펼쳐집니다.
천하의 열왕들이 모이는 곳이 시온 산입니다. 그때에 강대국은 이집트일 것입니다. 그런데 솔로몬의 제국이 유브라데 강에서부터 블레셋 땅과 애굽 지경까지의 모든 왕들을 다스립니다.

아직 유브라데 강의 시대도 아닙니다.
앗수르, 바벨론, 메대, 바사의 시대가 아닙니다. 그렇다고 중국 문명의 시대가 주도하지 않습니다. 오직 이스라엘이 주도하는 솔로몬의 시대입니다. 이것이 다윗의 왕좌입니다. 그 위에 하나님의 소망이 있습니다.

"그때에 달이 수치를 당하고 해가 부끄러워하리니 이는 만군의 여호와께서 시온 산과 예루살렘에서 왕이 되시고 그 장로들 앞에서 영광을 나타내실 것임이라"(사 24:23).

일곱 역사의 배경에는 솔로몬 시대가 있습니다.
솔로몬 시대의 완성은 예수 그리스도의 시대입니다. 이것은 알파와 오메가입니다. 그 안에 일곱 역사를 지정하여 이스라엘을 중심으로 이끌고 있습니다. 그 안에 있는 세계는 바벨론, 메대, 바사, 헬라, 로마, 자본주의, 세상 나라입니다. 거기에 반드시 이스라엘이 중심으로 서 있습니다.

일곱 역사의 진면목은 세상 나라가 마침내 예수 그리스도의 나라가 되는 것입니다. 예수님께서 시작과 마침이라고 선언하신 것과 같습니다. 이것은 시온 산과 예루살렘에서 왕이 되시는 것입니다. 구체적으로 만왕의 왕이신 예수님의 나라로 귀결됩니다. 역사는 그리로 흘러갑니다. 지금 이스라엘이 주목받는 이유는 완성을 위한 마지막 퍼즐이기에 아주 중요합니다.

"일곱째 천사가 나팔을 불매 하늘에 큰 음성들이 나서 이르되 세상 나라가 우리 주와 그의 그리스도의 나라가 되어 그가 세세토록 왕 노릇 하시리로다 하니"(계 11:15).

셋째, 사도 요한이 그 시온 산에 오르다

하나님께서 다섯째 역사에서 이스라엘의 역사를 멈춰버립니다.
서기 70년부터 1948년 5월 14일까지 역사의 뒷길로 던져버리고 멈춰버립니다. 그 오랜 기간 동안에 사라진 나라로 모질고 험악한 세월을 보냅니다. 그러나 다섯째 역사는 아주 오랜 역사를 이어갑니다.

로마제국이 동과 서로 분리되고 멸망할 때까지 그리고 패권을 다투던 오스만제국, 스페인제국, 대영제국에서 이스라엘은 그림자도 없던 민족입니다. 그런데 제1차 세계대전, 제2차 세계대전이 끝날 때에 1948년 5월 14일 전격적으로 영국의 공인 하에 독립국가를 이룹니다. 지금 미국과 이스라엘은 아주 깊은 유대관계를 맺고 있습니다.

이스라엘은 대한민국 면적의 10분의 1에 불과하고, 인구는 고구려 멸망 후에 유민의 후손이라는 먀오족처럼 약 930만 명 정도이지만 지금의 국가경쟁력은 대한민국과 비슷합니다. 그들은 요단강의 기적을 이룬 국가입니다.

2018년 5월 14일 이스라엘은 예루살렘을 수도로 공인을 받습니다. 이 사건은 미국대사관을 텔아비브에서 예루살렘으로 옮김으로 공인되고, 이 일로 발생한 중동 국가들의 거센 저항을 이겨내며 오늘에 이릅니다.

여기에는 미국 전 대통령, 트럼프의 공이 지대합니다.
이스라엘 수도 공인에 대한 저항이 있었지만 불과 2년 만에 아브라함 협정을 맺으면서 중동의 평화를 위한 관계개선을 이루는 데 일조하고 퇴임했습니다. 미국 46대 대통령 바이든은 46 beast 캐딜락 자동차를 타고 세계에 등장합니다. 어떤 상징들은 예사롭지가 않습니다.

이제는 역사의 전면에 선 이스라엘입니다.
미국을 힘입은 이스라엘은 화려하게 등장을 했습니다. 이것이 여섯째 역사입니다. 재난과 재앙의 관점에서 보면 글로벌이자, 팬데믹으로 재난의 시작점에 진입하였습니다. 이때에 요한계시록을 통해 천국의 모델로 제시한 것들 중에서 시온 산이 드러납니다.

집필 시기는 서기 95, 96년이라는 시점입니다. 이때에 주의 제자

들이 순교한 64년에서 거의 30여 년이 흐른 뒤에 홀로 남은 사도 요한에게 마지막 메시지를 주신 계시는 오늘을 조명해 주고 있습니다.

이 계시는 요한계시록으로 그 내용 중에서 7, 11, 14장은 하나의 내용이며, 여기서 시온 산의 사명이 어떻게 이뤄지는지를 지목해 주고 있습니다. 이는 천국에서 이룬 시온 산이 어떻게 땅에서 이루어지는지를 잘 보여주고 있습니다. 그런데 생각해 보면 참으로 놀랍습니다.

이미 서기 95년쯤에 가르쳐 주신 말씀인데, 아직도 여기에 대하여 침묵하고 있기 때문입니다. 역사학자 요세푸스는 구약과 요한계시록이 성경으로 포함되어 모두 정경으로 이미 유대인 성도들이 소유하고 있었다고 기록하고 있습니다.

다섯째 제국, 로마가 기독교를 공인한 이래 오늘의 성경이 모두 정경으로 인정되고 이후에 타락한 로마 가톨릭에서 종교개혁으로 복음주의가 확산되면서 칼빈의 16세기를 지나 우리에게까지 정경은 그대로 다가왔습니다.

한국교회사가 130여 년 지난 후에도 아직까지 요한계시록의 말씀이 남아 있다는 사실이 신비롭습니다. 그것도 어느 편에서나 정경으로서의 위치는 견고한데 마치 없는 것처럼 취급하고 있으니 참으로 안타깝습니다. 중국 삼자교회도 요한계시록에 관한 가르침은 역시나 배척하고 있습니다.

이처럼 정경임에도 불구하고 요한계시록에 대한 해석과 가르침이 전무하다가 오늘에 이르러서는 우리 시대의 몫이 되었다는 사실이 오히려 감격스럽습니다.

오늘도 목회자들이 이 말씀을 금서로 하나 이 계시를 열고 가르치는 자는 하나님의 진리에 서서 이 가르침의 역할을 하고 있습니다. 부족한 제가 점점 계시의 전문가로 자리하는 이유는, 능력있는 목회자들이 계시의 말씀을 외면하기 때문입니다. 이 또한 개인적으로 하나님의 은혜라고 할 수 있습니다. 여기서 미래의 길을 알고 준비할 수 있어 감사하고 또 감사합니다. 아마도 때가 가깝다는 뜻에 우리 시대가 있는 것이 분명합니다.

하나님의 은혜를 힘입어 2020년에 《요한계시록을 풀어 쓴 시(詩)》로 첫 출판을 하였고, 2021년에 두 번째 출판으로 《하나님의 소원》(God's wish)이 있습니다. 2022 임인년에 예수님의 나라에 관한 제목들을 체크하면서 세 번째 출판인 《예수님의 나라》(Perfect Church)를 마무리합니다.

사도 요한은 시온 산의 완성을 위하여 요한계시록 7장에서 이스라엘 열두 지파를 각 지파별로 12,000명씩 구분하고 144,000명을 구별합니다. 이 일이 다 준비될 때까지 일곱 재앙은 시작되지 않습니다.

요한계시록 11장에서는 두 선지자의 사역, 1,260일 동안에 이스라엘의 변화와 헌신을 준비하는 과정이 담겨 있습니다. 두 선지자는

이스라엘이 하나님께로 돌아오고, 진정으로 어린 양 예수님께로 돌아오는 결단을 하게 만듭니다.

"성도들의 인내가 여기 있나니 그들은 하나님의 계명과 예수에 대한 믿음을 지키는 자니라"(계 14:12).

비로소 이스라엘과 이방인 성도들이 교회로 하나를 이루게 됩니다. 마지막 시대의 참 아름다움이 하나의 교회, Perfect Church로 나아갑니다.

이스라엘 144,000명의 순교자는 마지막 시대의 교회를 온전하게 완전하게 세우고 시온 산에 올라가게 됩니다. 그들의 이마에는 어린 양의 이름과 그 아버지의 이름을 쓴 것이 있습니다. 그래서 처음 익은 열매, 순교의 열매인 것입니다.

"이 사람들은 여자와 더불어 더럽히지 아니하고 순결한 자라 어린 양이 어디로 인도하든지 따라가는 자며 사람 가운데에서 속량함을 받아 처음 익은 열매로 하나님과 어린 양에게 속한 자들이니 그 입에 거짓말이 없고 흠이 없는 자들이더라"(계 14:4-5).

이것으로 천국에서 보여준 미션 중에서 그 첫 모델인 시온 산이 어떻게 세상에서 완성되어 이루어는지를 요한계시록 14장은 밝혀줍니다. 이런 완성 뒤에 있는 내용이 세상 나라, 적그리스도 제국의 멸망과 상벌의 내용을 결론적으로 기록하고 있습니다. 하나님께서 천국에서 보여준 시온 산은 각 세대별로 주신 바 은혜가 있지만 그 결론은 이스라엘의 헌신, 순교사로 하나님의 뜻을 이루는 것입니다.

우리는 예수님의 기도를 통해 알게 됩니다.
"하늘에서 이룬 것같이 땅에서도 이루어지이다." 영어로 '이루어지이다'를 표현하니 'It is finished. It is done'입니다. 시온 산은 하나님의 마음에 있는 마지막 순교자의 숫자인 144,000명입니다. 그들로 인하여 역대의 순교사(殉敎史)를 마감하고 그 신원을 분명히 밝혀주십니다. 그것이 큰 상급입니다.

순교자의 상급은 무엇보다 우선적으로 첫째 부활자의 영광을 입어 예수님의 재림을 맞이하는 것입니다. 시온 산의 완성은 순교자에게 있습니다. 그것도 끝에서 144,000명의 숫자로 완성합니다. 할렐루야!

■ 댓글

귀한 글 감사합니다.
시온 산으로 성경을 관통하셨는데, 더 깊이 정독해보겠습니다.

하나님의 성전

모세가 시내 산에서 본 것들은 하늘에서 이룬 것들이며, 반드시 땅에서 이룰 것이라는 사실이 명백해 보입니다. 천국에서 본 모델과 같이 하나하나씩 만들 것을 이스라엘 백성들에게 명령했고, 출애굽기 24장은 이 명령에 따라서 준행한 내용입니다.

그 목록에는 성소, 증거(언약)궤, 진설병, 등잔대, 성막, 제단, 에봇, 흉패 등등이 있습니다. 이 물건들은 거룩합니다. 왜냐하면 하늘에서 본 것들이고 그 하나하나에 담긴 하나님의 뜻을 알아가도록 안내하는 신호이기 때문입니다. 이것을 따라서 가면 자기 시대의 과제이자 분복을 알게 됩니다.

"너는 삼가 이 산에서 네게 보인 양식대로 할지니라"(출 25:40).

그렇다면 이 양식에는 무슨 뜻이 있을까요?

이 질문에 정답을 얻기까지 항상 묵상하게 됩니다. 모세가 비스가 산에서 비로소 가나안의 뜻을 안 것처럼, 사도 요한이 유배지 밧모 섬에서 비로소 하나님의 소원을 안 것처럼 신실한 종들을 그냥 보내지 않으십니다. 죽기 전에 선명하게 보이십니다. 그들은 하나님의 선지자이고, 하나님의 벗이고, 하나님의 아들(계 21:7)이기 때문입니다.

"상 위에 진설병을 두어 항상 내 앞에 있게 할지니라"(출 25:30).

요한계시록에서 만나는 하나님의 성전은 역사적인 예루살렘의 성전과 반드시 땅에서 이루어야 할 하나님의 성전인 것입니다.

첫째, 땅에서 완성하다

천국에 있는 하나님의 성전에는 두 가지가 있습니다. 첫째는 언약궤이고, 둘째는 재앙의 도구들이 있습니다.

"이에 하늘에 있는 하나님의 성전이 열리니 성전 안에 하나님의 언약궤가 보이며 또 번개와 음성들과 우레와 지진과 큰 우박이 있더라"(계 11:19).

천국에서의 하나님의 성전은 언약궤가 중심이니 하나님의 공의를 나타냅니다. 그 공의의 실체가 재앙의 도구들로 나타납니다. 그것이 음성들, 우레, 지진, 큰 우박으로 적그리스도, 세상 나라를 멸망시킬 때에 사용될 재앙의 도구들입니다.

이 재앙이 끝날 때까지 성전에 연기가 가득하여 출입을 할 수 없게 됩니다. 하나님의 진노와 어린 양 예수님의 분노가 멈출 때에 비로소 하나님의 성전은 땅에서 온전히 이루고 올라갑니다. 어떻게 화가 풀릴까요? 여기서 화(woe)란 재앙의 가장 큰 단위입니다. 재앙 가운데 가장 큰 재앙으로 나타나는 것이 화입니다.

하나님의 성전이 땅에서 완성되는 것은 마지막 시대, 세상 나라에 대한 징벌에 있습니다. 일곱 나팔 재앙과 일곱 대접 재앙으로 멸망시키는 것이 하나님의 성전에서 천사들이 재앙을 위임받아 이 세상에다 재앙을 붓는 것입니다.

마침내 적그리스도와 거짓 선지자가 잡히고, 그들과 연합한 나라들이 망하고, 오른손과 이마에 짐승의 표를 받고 짐승의 우상을 숭배하며 교회를 큰 환난에 빠뜨린 자들이 비참한 최후를 맞이하게 하는 것이 하나님의 성전입니다. 이것이 완성입니다.

둘째, 역사에서 완성하다

하나님의 성전은 하늘의 모델을 따라 지은 것입니다. 그것이 역사의 현장인 예루살렘에 있습니다. 솔로몬 시대의 성전이고, 스룹바벨 시대의 성전입니다. 이 성전은 역사를 따라서 세워지고 무너지고, 세워지고 무너져서 그렇게 무너진 상태로 오늘에 이릅니다. 이제 마지막 때에 다시 세워지고 그 위에 거짓 선지자와 적그리스도가 점령할 것입니다.

> "또 내게 지팡이 같은 갈대를 주며 말하기를 일어나서 하나님의 성전과 제단과 그 안에서 경배하는 자들을 측량하되 성전 바깥 마당은 측량하지 말고 그냥 두라 이것은 이방인에게 주었은즉 그들이 거룩한 성을 마흔두 달 동안 짓밟으리라"(계 11:1-2).

이 말씀에서 보면 장래에 이미 하나님의 성전이 세워졌고, 1,260일 동안 적에게 짓밟히는 큰 환난을 예고하고 있습니다. 우리의 앞에 이미 세워졌고 이후에 있을 큰 환난을 예고하고 있으니 참으로 하나님의 방식은 놀라움 그 자체입니다. 그래서 이사야 선지자도 하나님의 열심을 따라갈 자가 없다고 전한 것입니다.

> "보라 전에 예언한 일이 이미 이루어졌느니라 이제 내가 새 일을 알리노라 그 일이 시작되기 전에라도 너희에게 이르노라"(사 42:9).

거룩한 곳이 구비되면 거기에 더러운 것, 가증한 것이 세워지고 자신을 하나님으로 선언하는 신성모독 사건이 발생합니다. 이는 역사에서 반복되다 마침내 세상 나라에서 이뤄지고 함께 멸망하는 것입니다.

"그는 대적하는 자라 신이라고 불리는 모든 것과 숭배함을 받는 것에 대항하여 그 위에 자기를 높이고 하나님의 성전에 앉아 자기를 하나님이라고 내세우느니라"(살후 2:4).

그러므로 이스라엘 예루살렘에 세워진 하나님의 성전은 마지막 현상의 신호로 쓰일 것이며, 역사의 시작과 끝에서 기준이 됩니다. 이스라엘은 세상 나라가 실현되기 전에 두 선지자를 영접하고 새로운 변화의 계기를 맞이합니다.

지금 이스라엘은 예루살렘을 회복하였고, 하나님의 성전을 세우려는 계획에 서 있습니다. 이것을 이스라엘 유대인들이 제3성전이라고 말합니다. 성경은 이미 에스겔서에서 하나님의 성전에 관한 설계도를 완벽하게 갖추고 있습니다. 역사적으로 다시 세워질 하나님의 성전을 21세기에 목격하게 될 것입니다.

여섯째 역사의 끝에서 세워질 하나님의 성전은 예루살렘과 함께 역사에서 사라질 것입니다. 그 일곱째 역사에서 하나님의 성전은 더럽혀지고 예루살렘은 큰 성 바벨론이 되어 흔적도 없이 무너질 것입니다.

그동안 역사를 견인하며 역할을 하던 그림자가 실체 앞에서 사라질 때에 비로소 땅에서 완성되는 것입니다. 그 실체는 전능하신 하나님과 어린 양 예수님이 친히 성전이 되시는 것입니다. 이는 하나님이 원하시는 소원인 우리 하나님, 내 백성이라는 관계의 완성이 이뤄져 심지어 우리 하나님, 나의 아들이 되어 실질적인 상속자(계 21:7)가 되는 것입니다. 이 모든 실제의 내용은 예수님의 나라에서 천 년의 행복을 보내다가 천국에 들어가는 것으로 귀결됩니다.

"성 안에서 내가 성전을 보지 못하였으니 이는 주 하나님 곧 전능하신 이와 및 어린 양이 그 성전이심이라"(계 21:22).

그러므로 천국에 있는 하나님의 성전은 세상 나라를 멸망시키는 것으로 완성하고, 지상에 있는 하나님의 성전은 거룩한 교회로 나아가 마침내 예수님의 나라(계 11:15)에서 완성됩니다.

"이 첫째 부활에 참여하는 자들은 복이 있고 거룩하도다 둘째 사망이 그들을 다스리는 권세가 없고 도리어 그들이 하나님과 그리스도의 제사장이 되어 천 년 동안 그리스도와 더불어 왕 노릇하리라"(계 20:6).

첫째 부활자는 하나님의 제사장이 되고, 그리스도의 제사장이 되는 것입니다. 그것이 왕의 실현으로 완성됩니다. 왜냐하면 그곳에는 보이는 성전이 없고 오직 예수님만이 계시기 때문입니다. 예수님 안에 성전이 있다는 뜻입니다.

"성 안에서 내가 성전을 보지 못하였으니 이는 주 하나님 곧

전능하신 이와 및 어린 양이 그 성전이심이라"(계 21:22).

오직 천 년을 다스릴 예수님의 동역자로 첫째 부활자의 영광이 있는 것입니다. 일곱 역사에서 하나님의 성전은 결국 만왕의 왕의 길을 안내하고, 첫째 부활자의 영광을 드러내는 등대의 역할을 할 것입니다.

"만국이 그 빛 가운데로 다니고 땅의 왕들이 자기 영광을 가지고 그리로 들어가리라"(계 21:24).

세상 나라도 아니고 예수님의 나라입니다.
앞에서 지정한 일곱 역사가 끝나고 나서 새롭게 천 년의 역사를 쓰게 될 베드로의 꿈인 의의 나라입니다. 이 나라는 성도들의 캠프요, 하나님께서 사랑하시는 나라입니다.

"그들이 지면에 널리 펴져 성도들의 진과 사랑하시는 성을 두르매 하늘에서 불이 내려와 그들을 태워버리고"(계 20:9).

이 멋진 세계가 천 년 동안 이어집니다. 지금 이스라엘 정치는 이 멋진 세계를 모르고 역사의 끝에서 제3성전인 하나님의 성전을 세우려고 합니다. 우리는 여기서 좌우를 살펴보고 있습니다.

우리에게는 현실도, 이상도 믿음입니다.
이 믿음이 견고할수록 예수님의 재림도, 예수님의 나라도 선명하게 다가옵니다. 이것이 오늘과 내일을 견인하는 능력입니다. 중국 시안성에 자리한 옛날의 장안성, 그 초석을 다진 진시황의 불로초는 병마용에 묻히고, 현실은 종암산에서 이루지 못할 꿈을 위하여 열심히 도를 닦고 있습니다.

참으로 대안도 없고, 목록도 없고, 성경도 없고, 계시도 없이 오늘도 흐린 저 안개 속에서 헤매고 있습니다. 역사는 이스라엘을 보여주고, 하나님의 성전을 보여주고, 세상 나라를 지목해 주고 길을 잃지 말라고 합니다. 예수님을 따라 진리의 길을 걸으면 행복감이 넘칩니다. 이것이 인생의 복이 아니겠습니까? 불로초도 아니고, 백 년도 아니고, 천 년의 복입니다. 하나님의 성전은 생명나무의 길로 나아가는 활짝 열린 문입니다. 열두 문에, 열두 열매로 넘치고 풍성하여 거룩한 복입니다. 계시는 이 길로 안내하는 친절한 문지기입니다.

이 글을 쓰는 이의 행복감을 전합니다.
너무 큰 세계를 이 작은 자에게 주시니 흘러서 넘칩니다. 《요한계시록을 풀어 쓴 시(詩)》의 페이스북에 참여한 관심과 응원의 댓글은 춤을 추게 만듭니다. 감사합니다.

> ■ 댓글
>
> 귀한 글입니다.
> 마지막 역사의 클라이맥스를 보게 될지도 모르는 시점에 우리가 있음을,
> 두려워할 것이 아니라 감사해야겠죠. 늘 건강하세요.

유리 바다/ 천국

천국의 배경이 바다로 묘사되어 개인적으로도 참 좋습니다.

반면에 예수님의 나라는 생명수 강으로 묘사하여 대조를 이루고 선명하게 구별되니 분별이 아주 쉽습니다. 바다도 좋고, 강(江)도 참 좋습니다.

"보좌 앞에 수정과 같은 유리 바다가 있고 보좌 가운데와 보좌 주위에 네 생물이 있는데 앞뒤에 눈들이 가득하더라"
(계 4:6).

천국은 수정과 같이 맑은 유리 바다이고, 예수님의 나라는 첫째로 황금 길, 맑은 유리 같은 정금의 길입니다. 나의 벗, 황경식 목사의 자녀 이름이 황금나라입니다. 대단하지 않나요? 이름으로도 천국과 예수님의 나라를 침노한 그 믿음을 축복합니다.

"그 열두 문은 열두 진주니 각 문마다 한 개의 진주로 되어 있고 성의 길은 맑은 유리 같은 정금이더라"(계 21:21).

둘째로 예수님의 나라는 수정과 같이 맑은 생명수 강입니다.

"또 수정과 같이 맑은 생명수 강을 내게 보이니 하나님과 및 어린 양의 보좌로부터 나와서 길 가운데로 흐르더라"(계 22:1-2).

예수님의 나라는 수정같이 맑은 생명수의 강이기에 그 강변의 길을 산책한다고 생각하니 기분이 참 좋습니다. 그러고 보면 중국 단동에서 압록 강변을 매번 산책하였고, 여기 여주에서도 여강(남한강) 변을 가끔 산책도 하고 있으니 예수님의 나라를 묵상하기 참 좋습니다.

강변을 걸으며 예수님의 나라를 묵상하고, 동해의 깊고 푸른 바다를 묵호 등대에서 보며 천국을 묵상하니 너무나 좋습니다. 그러고 보면 일상의 모든 것들이 주님의 세계를 연상하게 하니, 하나님의 지혜는 일상에 충만한 것 같습니다.

눈이 오면 내 죄를 깨끗하게 하신 주님의 손길이 느껴지고, 비가 오면 성령의 단비로 흡족하게 채우시는 은총이 느껴지며, 일상은 그렇게 주의 은혜를 생각하게 합니다.

이제는 쉽게 구분이 되듯 요한계시록은 바다와 강으로 천국과 세상을 차이 나도록 그려줍니다. 아주 중요한 이야기가 있습니다.

숫자를 헤아릴 수 없는 많은 사람들이 유리 바닷가에 서서 비파를 들고 노래를 부르고 있습니다. 이 노래는 모세의 노래와 어린 양 예수님의 노래입니다.

"또 내가 보니 불이 섞인 유리 바다 같은 것이 있고 짐승과 그의 우상과 그의 이름의 수를 이기고 벗어난 자들이 유리 바다 가에 서서 하나님의 거문고를 가지고"(계 15:2).

모세의 노래는 구원의 노래이고, 어린 양의 노래는 만왕의 왕의 노래로 구원의 기쁨과 승리의 감격이 담겨 있습니다. 이 노래에 담긴 비밀이 그것입니다.

하나님의 통치에 대한 찬양을 통해 하나님을 만국의 왕으로 묘사하고, 만국이 와서 주께 경배한다는 사실을 담고 있습니다. 이는 요한계시록 19장에서 큰 환난에서 나온 무리들과 24장로들과 스랍 천사들이 "할렐루야"라고 찬양하며 고백하는 내용에 있습니다.

첫째로 하나님께서 심판하십니다.
둘째로 하나님께서 통치하십니다.

이 실체는 바로 예수님의 나라에 참여하여 누릴 영광을 보여주는 것입니다.

그들에 대한 힌트로 불이 섞인 유리 바다로 표현합니다. 이것은 그들이 어디서 왔느냐 하는 질문에 대한 해답입니다. 바로 마지막 시대에 큰 환난에서 승리로 나아온 것입니다. 그 구체적인 표현이 그 짐승과 그의 우상과 그의 이름의 수를 이기고 벗어난 자들, 즉 적그리스도의 천하에서 이긴 자들이라고 명시합니다.

천국에서 보여준 유리 바닷가와 성도들의 노래는 큰 환난에서 마지막 적그리스도 제국에서 핍박을 견디기도 하고 죽임을 당하기도 하였으니 그들이 첫째 부활자의 영광에 이르러 예수님의 재림을 맞이하고 그와 함께 천 년의 나라, 예수님의 나라에서 누릴 행복에 대한 찬미인 것입니다.

유리 바다는 불이 섞인 유리 바다처럼 큰 환난에서 승리할 것이라는 보장을 보여주는 것과 같습니다. 결론적으로 천국의 유리 바다는 큰 환난이 끝날 때에 비로소 마침이 됩니다. 그것이 완성이며, 반드시 땅에서 이루어진다는 사실에서 또 하나의 퍼즐 조각을 맞추는 것입니다.

왜 이토록 마지막에 집중하고 있을까요?
그것은 하나님의 소원이 이뤄질 시점이기 때문입니다. 마귀를 천 년간 결박하여 세상에서 추방하고 예수님의 나라에서 하나님의 소원처럼 진정한 의(義)를 이루는 나라에서의 삶이 하나님의 멋진 계획이기 때문입니다.

"하나님의 날이 임하기를 바라보고 간절히 사모하라 그날에 하늘이 불에 타서 풀어지고 물질이 뜨거운 불에 녹아지려니와 우리는 그의 약속대로 의(義)가 있는 곳인 새 하늘과 새 땅을 바라보도다"(벧후 3:12-13).

이것을 발견하고 환호하며 행복이 무엇인지를 제대로 알고 천국에 오라는 것입니다. 솔로몬도 누리지 못한 천 년의 갑절을 산다고 해도 모를 행복이 예수님의 나라에 있는 것입니다.

마태복음 24장을 보면 두 경우를 비유로 제시합니다.
두 사람이 밭에 있습니다. 두 여자가 맷돌질을 합니다. 이 비유에서 묵상하게 되는 결론입니다. 밭에서 보화를 발견하는 사람이 있고, 일만 하는 사람이 있습니다. 맷돌질하면서 자기 시대의 양식이 무엇인지 아는 여자가 있고, 그냥 하루 먹는 것에 만족하는 여자가 있습니다. 어느 것이 자기 시대의 해답일까요?

주께서 반드시 한 사람은 데려가실 것입니다.
One will be taken. I am here. 유리 바다는 천국에 있습니다. 가끔 동해 묵호 등대의 카페에서 바다 위에 펼쳐진 주의 세계를 그려봅니다. 사도 요한은 자신이 보고 들은 이 내용을 우리에게 전해줍니다.

유리 바다는 불이 섞인 유리 바다에서 완성됩니다.
이는 마지막 시대, 큰 환난에서 이긴 자의 축복인 것입니다. 이제는 전혀 미련하지 않은 완전한 다섯 처녀인 것입니다. 혹시 불이 섞여 있다고 해서 지옥을 상상할 수 있겠으나 이 주제의 방향은 천국의 밝은 면에 집중하고 있습니다. 천국에서 제시한 항목들은 대부분 그렇습니다. 이 외의 항목에서 다룰 주제입니다.

■ 댓글

아멘, 감사합니다.

하나님의 은혜의 바다를 사모하게 하는 귀한 글입니다.

새 예루살렘

앞에서 제시한 세 가지는 무엇입니까?

시온 산, 하나님의 성전, 유리 바다입니다. 그다음에 이것을 하나로 통일하는 것이 예루살렘입니다.

히브리서는 이 예루살렘을 살아 계신 하나님의 도성인 하늘의 예루살렘(히 12:22)이라고 부르고, 요한계시록에서는 거룩한 성 새 예루살렘(계 21:2)이라고 부릅니다.

천국에서 본 것 중에 땅에서 이룰 가장 아름답고 영화로운 것이 무엇입니까? 바로 예루살렘입니다. 주기도문을 상기하면 하늘에서 이룬 것이요, 땅에서 이룰 것으로 제시된 것 중에서 최고의 가치요, 영화로운 걸작품(masterpiece)이 바로 예루살렘입니다.

이 예루살렘을 어떻게 완성하는지 살펴보길 원합니다. 여기에 하나님의 소원이 담겨 있기 때문입니다. 그러므로 더욱 깊게 살펴야 합니다.

첫째, 역사에서 이룹니다

이미 익숙한 일곱 역사에서 다섯째 로마의 역사는 끝났습니다. 그 자리에서 오늘에 이르기까지 여섯째 역사의 마지막이 다가왔습니다. 이스라엘에 있는 예루살렘은 2018년 5월 14일에 세상에 증거로 나타났습니다. 이스라엘 독립 70주년에 텔아비브에서 전격적으로 수도를 예루살렘으로 옮기게 되었습니다. 당연히 미국이 주도하여 국제도시인 텔아비브에서 예루살렘으로 대사관을 이주하고 이에 이스라엘이 공식화한 것입니다.

이 사건으로 중동에서 대미항전이니, 이스라엘에 대한 성전(전쟁)이니 하면서 힘겨운 냉전 상태로 오다가 트럼프 행정부의 고문인 쿠슈너에 의해 2020년 8월 13일 아브라함 협정을 맺게 됩니다.

이 협정에 4개국이 공인하면서 주변 이슬람 국가들과의 관계개선이 일어납니다. 그동안 천주교 교황의 행보가 어느 정도 영향력을 발휘한 것 같습니다. 천주교, 이슬람, 유대교는 세계종교통합에 대한 기대를 갖고 있습니다.

이런 시대의 상황에 민감해서 나쁠 것은 없습니다. 깨어 있으라는 것에 대해 두 가지 면을 강조합니다. 그것은 기도와 역사의 현장입니다. 기도를 많이 깊이 하면서, 세상사를 살피는 지혜도 있기를 원합니다.

이제 남은 바 예루살렘이 큰 성 바벨론이 되는 시점에 역사의 예루살렘은 예수님의 재림과 함께 그 징벌의 대상이 되기도 합니다. 온갖 재앙들로 무너지고 큰 지진과 함께 멸망하고 사라질 것입니다. 이때에 큰 성 바벨론이란 적그리스도 천하, 세상 나라를 지칭하는 명칭입니다.

둘째, 에덴에서 이룹니다

우선 결론적으로 예루살렘은 성도들의 진과 사랑하시는 성입니다. 또한 새 예루살렘 성입니다. 이것이 예수 그리스도의 나라(계 11:15)입니다. 예수님의 나라에 대한 제자들의 다양한 표현을 살펴보겠습니다.

골로새서는 사랑의 아들의 나라(골 1:13)로, 디모데후서는 예수님의 나라(딤후 4:1)로, 히브리서는 흔들리지 않는 나라(히 12:28)로, 야고보서는 사랑하는 자들에게 약속하신 나라(약 2:5)로, 베드로후서는 예수님의 약속대로 의가 있는 나라(벧후 3:13)로 말씀합니다.

이것이 예수님께서 말씀하신 거처(요 14:3)입니다. 이것이 예비가 되면 천국에서 다시 오십니다. 예수님의 재림 후에 이 준비된 것이 내려옵니다. 유일하게 하늘에서 내려오는 것은 예루살렘입니다.

> "또 내가 보매 거룩한 성 새 예루살렘이 하나님께로부터 하늘에서 내려오니 그 준비한 것이 신부가 남편을 위하여 단장한 것 같더라"(계 21:2).

다시 강조하여 성령께서 이 준비된 것을 보여주시고 말씀하십니다. 신부이자 어린 양의 아내로 묘사합니다.

> "성령으로 나를 데리고 크고 높은 산으로 올라가 하나님께로부터 하늘에서 내려오는 거룩한 성 예루살렘을 보이니 하나님의 영광이 있어 그 성의 빛이 지극히 귀한 보석 같고 벽옥과 수정같이 맑더라"(계 21:10-11).

하나님으로부터 하늘에서 내려오는 것이 무엇입니까? 예루살렘입니다.

새 예루살렘 성입니다. 요한계시록 21장과 22장에 걸친 아름답고 사랑스런 나라입니다.

예수님의 나라는 열두 진주 문이 있고, 수정처럼 맑은 정금의 황금 길이 있고, 생명수 강이 흐르는 멋진 강변을 가진 네모반듯한 면적에 12,000스다디온의 웅장하고 완벽한 세계입니다. 그 성벽은 144

규빗의 높이를 자랑합니다. 그 성의 기초석은 예수님의 제자들의 영광이 빛나도록 온갖 보석들로 기둥을 삼고, 문마다 이스라엘 열두 지파의 영광이 빛나도록 하나님께서 만드신 걸작품인 것입니다.

이 세계를 위하여 재앙들로 황폐한 이 땅을 다시 새롭게 만드십니다.

이것이 전능하신 하나님께서 먼저 하실 창조입니다. 이사야 선지자는 하나님께서 지을 새 하늘과 새 땅(사 66:22)이라고 말합니다. 사도 요한은 아주 분명하게 하나님의 창조가 있을 것이라고 기록합니다.

> "보좌에 앉으신 이가 이르시되 보라 내가 만물을 새롭게 하노라 하시고 또 이르시되 이 말은 신실하고 참되니 기록하라 하시고 또 내게 말씀하시되 이루었도다 나는 알파와 오메가요 처음과 마지막이라"(계 21:5-6).

이 창조의 바탕에 예수님의 나라를 세워주십니다.

12,000스다디온의 실질적인 면적은 옛 에덴의 장소이고, 가나안의 영토이며, 이스라엘이 추구한 영토입니다. 그러나 역사적으로 이룰 수 없었던 이 영토는 예수님의 나라를 통하여 비로소 완벽하게 이뤄집니다.

이 숫자는 영어성경 NIV에서 참고하면 이는 약 1,400마일이고, 약 2,200km라고 첨부하고 있습니다. 그렇다면 2,200km에 해당하는 가로, 세로 길이로 계산한 밑면적은 4,840,000km^{2}이니 현재 미국 영토의 2분의 1 면적, 또는 인도와 이란을 합친 영토 크기에 해당합니다.

이 면적은 창세 이후로 예수님의 나라에 참여할 성도들의 낙원입니다(계 2:7). 이것은 영구한 소유이고, 큰 상이며, 약속하신 것입니다.

"너희가 갇힌 자를 동정하고 너희 소유를 빼앗기는 것도 기쁘게 당한 것은 더 낫고 영구한 소유가 있는 줄 앎이라 그러므로 너희 담대함을 버리지 말라 이것이 큰 상을 얻게 하느니라 너희에게 인내가 필요함은 너희가 하나님의 뜻을 행한 후에 약속하신 것을 받기 위함이라 잠시 잠깐 후면 오실 이가 오시리니 지체하지 아니하시리라"(히 10:34-37).

이는 또한 완벽한 구분, 완벽한 보호를 담고 있습니다.

"그 성은 해나 달의 비침이 쓸 데 없으니 이는 하나님의 영광이 비추고 어린 양이 그 등불이 되심이라"(계 21:23).

옛 에덴은 과제를 선명하게 주었습니다. 그것이 죄의 문제입니다. 이 문제를 해결하지 않고 생명나무를 취하려는 욕망은 지옥의 문을 엽니다.

"여호와 하나님이 이르시되 보라 이 사람이 선악을 아는 일에 우리 중 하나같이 되었으니 그가 그의 손을 들어 생명나무 열매도 따 먹고 영생할까 하노라 하시고"(창 3:22).

여기서 영생이란 영벌이고, 영벌은 곧 지옥이기에 생명나무를 강제로 금지시킵니다. 그리고 이 죄의 문제를 해결하기 위해서 예수님의 초림이 필요한 것입니다. 예수님은 십자가의 죽으심과 부활, 승천을 통해 확실하게 구원의 문제를 해결해 주셨습니다.

그 바탕으로 에덴에 있는 생명나무의 길을 어떻게 여느냐 하는 문제는 요한계시록을 통해서 제시한 것과 같이 거룩함과 헌신과 순교에 있습니다. 이는 하나님의 뜻과 계획, 마음과 소원에 합당한 삶이 그 증거가 됩니다.

구원의 문제를 해결 받은 것으로 예수님의 나라에 들어가는 것은 아닙니다. 그러나 구원의 문제는 반드시 풀어야 할 기본 자격입니다. 그다음은 전적으로 행위에 있습니다.

다니엘서의 결론에서도 이 점을 강조합니다.

"많은 사람이 연단을 받아 스스로 정결하게 하며 희게 할 것이나 악한 사람은 악을 행하리니 악한 자는 아무것도 깨닫지 못하되 오직 지혜 있는 자는 깨달으리라"(단 12:10).

또한 요한계시록의 결론에서도 이 부분이 강조됩니다.

"불의를 행하는 자는 그대로 불의를 행하고 더러운 자는 그대로 더럽고 의로운 자는 그대로 의를 행하고 거룩한 자는 그대로 거룩하게 하라"(계 22:11).

모든 계시의 결론이 거룩한 삶에 있고, 의로운 삶에 있으며, 믿음의 삶에 있고, 하나님의 말씀에 따른 삶에 있습니다. 이것이 믿음이고, 행위이니 바로 이것이 성도의 옷입니다.

"그러나 사데에 그 옷을 더럽히지 아니한 자 몇 명이 있어 흰 옷을 입고 나와 함께 다니리니 그들은 합당한 자인 연고라"(계 3:4).

흰 옷, 빛나고 깨끗한 세마포 옷이란 성도의 옳은 행실(계 19:8)에 있다고 했습니다. 그래서 미래의 시대에 선 우리는 하나님의 말씀대로 짐승의 우상을 거부하고, 예수님의 증인으로서 이마와 오른손에 짐승의 표를 받지 않는 것입니다. 이런 행위가 사회로부터 추방을 당하고, 핍박을 당하며, 심지어 죽임을 당하더라도 일사각오의 신앙을 세우는 것입니다.

왜냐하면 우리에게 있는 것을 빼앗기지 않으려고 지키는 것이며, 헌신하며 순교하는 것입니다. 우리에게 있는 것이 바로 새 예루살렘, 예수님의 나라이기 때문입니다.

"내가 속히 오리니 네가 가진 것을 굳게 잡아 아무도 네 면

4. 새 예루살렘_ 57

류관을 빼앗지 못하게 하라"(계 3:11).

우리가 가진 것은 무엇입니까?

우리의 면류관은 무엇입니까? 이 질문에 대한 정확한 대답은 새 예루살렘, 예수님의 나라에 참여하는 영광입니다.

"너희로 내 나라에 있어 내 상에서 먹고 마시며 또는 보좌에 앉아 이스라엘 열두 지파를 다스리게 하려 하노라"(눅 22:30).

이 의미를 일찍이 베드로가 알았더라면 시험에 빠지지 않았을 것입니다. 아주 오랜 세월이 흐른 후에야 사도로서 고난을 당하는 성도들과 함께하며 마지막 순교의 피를 흘리는 위대한 목자가 되었습니다.

또한 부자 청년의 대화에서 베드로가 "주여, 우리는 이 모든 것을 버렸으니 무엇이 있습니까?" 질문한 그때에 예수님께서 대답해 주신 말씀을 깨달았다면 어땠을까요?

"예수께서 이르시되 내가 진실로 너희에게 이르노니 세상이 새롭게 되어 인자가 자기 영광의 보좌에 앉을 때에 나를 따르는 너희도 열두 보좌에 앉아 이스라엘 열두 지파를 심판하리라"(마 19:28).

여기서 세상이 새롭게 될 때가 있다는 말씀이 있고, 여기서 예수님의 영광의 보좌에 앉을 때가 있다는 말씀이 있습니다. 이 모든 말씀을 일찍 이해했다면 하나님께서 아주 자랑스럽게 여기셨을 것입니다.

성도의 옳은 행위가 하나님의 자랑입니다.

그를 위하여 이 모든 것을 선물로 주시고, 그의 행복을 누리게 하시는 것에 하나님의 마음이 있습니다. 참으로 예수님과 함께 천 년의 삶으로 선물하십니다. 인생에게 이보다 더 좋을 순 없습니다. 이는 하나님의 공의 안에 있는 큰 상급입니다.

> "너희가 갇힌 자를 동정하고 너희 소유를 빼앗기는 것도 기쁘게 당한 것은 더 낫고 영구한 소유가 있는 줄 앎이라 그러므로 너희 담대함을 버리지 말라 이것이 큰 상을 얻게 하느니라"(히 10:34-35).

갇힌 것보다, 소유를 빼앗긴 것보다 더 기쁘게 여길 그 무엇이 있다는 것이 우리 시대의 거룩한 복입니다. 더 낫고 영구한 소유가 있어야 사소한 것들을 버립니다.

이스라엘에 직항 노선으로도 가고 있습니다. 매번 예루살렘의 소식이 들려옵니다. 그 예루살렘을 통하여 무엇을 보십니까? 하늘의 예루살렘이 어떻게 세상에서 완성됩니까? 완성이란 무엇입니까?

예루살렘을 이 땅에서 이루는 것이 기도의 주제인데, 이 주제는 잃고 일상의 기도만 넘칩니다. 그래도 기도하는 자에게는 기회가 있을 것입니다.

> ■ 댓글
>
> 귀한 글 감사합니다.
>
> "거룩한 성 새 예루살렘의 주인공으로 거룩함을 이루며 살게 하소서!"
>
> 하는 마음을 갖게 합니다. 정말 수고하셨습니다.

장자들의 모임

하나님께서 이스라엘에 대하여 내 아들, 내 장자라고 하신 말씀이 있습니다. 이는 당시에 강대국 이집트에 대하여 강력하게 선포하신 것입니다. 이제부터 이스라엘은 특별한 지위가 부여됩니다. 장자 권리가 야곱의 장자, 개별적인 르우벤보다 더 높은 공개적인 이스라엘 전체로 격상하여 규정한 것입니다.

> "너는 바로에게 이르기를 여호와의 말씀에 이스라엘은 내 아들 내 장자라 내가 네게 이르기를 내 아들을 보내주어 나를 섬기게 하라 하여도 네가 보내주기를 거절하니 내가 네 아들 네 장자를 죽이리라 하셨다 하라 하시니라"(출 4:22).

장자들의 모임이란 결국에 이스라엘의 모임, 이스라엘 국가로 이해됩니다. 그들은 먼저 회막을 중심으로 한 모임에서, 성전을 중심으로 한 모임으로 나아갑니다. 로마제국에 멸망한 이후에는 각 지역의 회당을 중심으로 한 모임으로 작아지다가 끝에서 다시 성전을 중심으로 한 모임으로 회복하는 것이 장차 일어날 일들 중에 아주 중요한 신호입니다.

하나님의 계획처럼 아브라함의 후손들, 70여 명(출 1:5)의 가족사에서 시작하여 430년이 지난 시점에는 군인(민 1:46)의 자격을 갖춘 20세 이상의 남자가 603,550명이라는 사실에서 명실상부한 국가의 틀을 갖추게 됩니다. 이 조사의 결과에서 보듯 아브라함에게 주신 언약이 어느 정도 선에서는 이뤄지게 되었습니다.

"그날에 여호와께서 아브람과 더불어 언약을 세워 이르시되 내가 이 땅을 애굽 강에서부터 그 큰 강 유브라데까지 네 자손에게 주노니"(창 15:18).

이스라엘은 시내 산에서 모세가 받은 십계명과 율법에 대한 것과 각종 예식과 준비를 갖추게 됩니다. 그리고 회막을 중심으로 살도록 하십니다. 회막 또는 성막은 성소와 지성소를 중심으로 그 안에 구비된 것들은 출애굽기 39장 32절 이하에 기록되어 있습니다. 성막은 이스라엘이 걸어갈 광야 시대의 길을 밝혀 줍니다.

"낮에는 여호와의 구름이 성막 위에 있고 밤에는 불이 그 구름 가운데에 있음을 이스라엘의 온 족속이 그 모든 행진하는 길에서 그들의 눈으로 보았더라"(출 40:38).

성막 위에 있는 여호와의 구름과 여호와의 불이 신호가 되어 가며 서며 아주 선명하게 인도해 주십니다. 장자들의 첫 무대는 여호와의 영광이 충만한 회막에서의 모임이었습니다.

이 회막이 성전 시대로 바뀐 것은 솔로몬 시대에 가서입니다. 이는 다윗 왕이 준비하고 그의 아들 솔로몬 왕이 완성한 성전으로, 제1성전 또는 솔로몬 성전이라고 말합니다.

그 이전 시대에는 겨우 언약궤로만 남은 것을 솔로몬 성전으로 옮겨와 지성소에 안착하고 성전 건축 완공식을 가졌습니다. 솔로몬 왕의 마침기도에 대하여 하나님께서 이 성전을 거룩하게 구별하실 것과 항상 함께하실 것을 약속하셨습니다.

"여호와께서 그에게 이르시되 네 기도와 네가 내 앞에서 간구한 바를 내가 들었은즉 나는 네가 건축한 이 성전을 거룩하게 구별하여 내 이름을 영원히 그곳에 두며 내 눈길과 내 마음이 항상 거기에 있으리니"(왕상 9:3).

여기에 하나님의 공의를 조건부로 명시합니다. 이것은 우리 시대도 주의해야 합니다. 조금 길지만 중요한 말씀이니 그대로 전문을 싣습니다.

"만일 너희나 너희의 자손이 아주 돌아서서 나를 따르지 아니하며 내가 너희 앞에 둔 나의 계명과 법도를 지키지 아니하고 가서 다른 신을 섬겨 그것을 경배하면 내가 이스라엘을 내가 그들에게 준 땅에서 끊어 버릴 것이요 내 이름을 위하여 내가 거룩하게 구별한 이 성전이라도 내 앞에서 던져 버리리니 이스라엘은 모든 민족 가운데에서 속담거리와 이야기거리가 될 것이며 이 성전이 높을지라도 지나가는 자마다 놀라며 비웃어 이르되 여호와께서 무슨 까닭으로 이 땅과 이 성전에 이같이 행하셨는고 하면 대답하기를 그들이 그들의 조상들을 애굽 땅에서 인도하여 내신 그들의 하나님 여호와를 버리고 다른 신을 따라가서 그를 경배하여 섬기므로 여호와께서 이 모든 재앙을 그들에게 내리심이라 하리라 하셨더라"(왕상 9:6-9).

이 조건부는 하나님의 공의를 잘 나타냅니다.
그것이 회막, 성전, 교회, 성도, 시작이든 끝이든 공의의 잣대는 엄격합니다. 오히려 끝이 될 무렵엔 최고치로 적용할 것입니다. 그러므로 행실을 바르게 해야 합니다. 이 시점에 행실의 기초는 다음과 같습니다.

첫째는 순리를 버리고 역리를 좇는 음행을 경계해야 합니다.
둘째는 우상 생명체를 맞이할 각 시대의 우상숭배를 경계해야 합니다.

이 외에는 하나님의 공의대로 선한 삶을 사는 것입니다. 그러므로 솔로몬 성전이 무너진 이유도 자명합니다. 이 기본에서 벗어나 하나님의 뜻에 불순종했기 때문입니다. 그래서 바벨론 제국에 의해 처참하게 짓밟히고 무너지면서 역사가 반복되다 오늘에 이르게 된 것입니다.

이런 공백 시대를 회당에서 만나고 역사에 큰 시련을 견디다 오늘에 이르게 되었습니다. 회당 시대만큼 하나님께서 이방인 시대, 교회 시대를 활짝 열어주시는 은혜로 우리에게도 동일하게 혜택이 주어졌습니다.

지금은 회당과 교회가 두 갈래에서 예루살렘을 향하여 전진하고 있습니다. 과연 언제, 어디서 하나가 될까요?

"하늘에 있는 것이나 땅에 있는 것이 다 그리스도 안에서
통일되게 하려 하심이라"(엡 1:10).

결론적으로 만물도, 세상도, 성전도, 교회도 예수 그리스도의 나라에서 하나가 되는 것이 하나님의 큰 뜻입니다. 현재는 이스라엘이 제3성전을 세우려는 단계에 있습니다. 주변국의 엄청난 저항이 있기에 2020년 아브라함 협정도 맺고, 교황의 주도하에 있는 세계 종교 통합에 유대교도 동참하면서 대안을 모색하고 있습니다.

서기 70년에 무너지고 없어진 제2성전인 스룹바벨 성전을, 에스겔서의 기본대로 제3성전으로 세울 것입니다. 그들은 다시 성전에서 모임을 갖게 됩니다. 참으로 놀랍게도 그 결과를 미리 요한계시록

11장에 기록하고 있습니다. 이미 실현되어 있음을 알게 됩니다. 그 첫 구절에서 하나님의 성전과 제단과 그 안에서 경배하는 자들을 측량하라는 내용에서도 보게 됩니다.

"또 내게 지팡이 같은 갈대를 주며 말하기를 일어나서 하나님의 성전과 제단과 그 안에서 경배하는 자들을 측량하되"
(계 11:1).

요한계시록 7장에 기록한 것처럼 유다 지파에서 12,000명, 르우벤 지파에서 12,000명 이렇게 12지파를 복원하고 144,000명의 순교자를 드러냅니다.

이스라엘과 열두 지파에서 장자 르우벤이 아니라 통치자이신 예수님을 첫 순서로 놓아 그 혈통인 유다 지파로 시작합니다. 예수님이야말로 유다 지파의 사자이고, 다윗의 뿌리이니 참 장자이고, 참 후손인 것입니다.

"장로 중의 한 사람이 내게 말하되 울지 말라 유대 지파의 사자 다윗의 뿌리가 이겼으니 그 두루마리와 그 일곱 인을 떼시리라 하더라"(계 5:5).

이런 이유에서 히브리서의 평가가 나옵니다.
하나님께서 이 모든 날의 마지막에 예수님을 만유의 후사로 세우시고, 예수님을 위하여 모든 세계를 지으십니다. 예수님은 맏아들,

장자인 것입니다.

"또 그가 맏아들을 이끌어 세상에 다시 들어오게 하실 때에 하나님의 모든 천사들은 그에게 경배할지어다 말씀하시며"(히 1:6).

이스라엘은 마지막 때에 하나님의 두 선지자를 만나 1,260일 동안 복음에 전적으로 순종하게 됩니다. 이스라엘이 두 선지자를 통하여 알게 된 사실에서 그 변화의 최고 정점은 다음 말씀에 있습니다.

"그들의 시체가 큰 성 길에 있으리니 그 성은 영적으로 하면 소돔이라고도 하고 애굽이라고도 하니 곧 그들의 주께서 십자가에 못 박히신 곳이라"(계 11:8).

두 선지자의 죽음, 부활, 승천과 외부 증거는 이스라엘이 전격적으로 어린 양 예수님께 속하는 영접으로 나타나고 심지어 순교자 144,000명의 헌신이 준비됩니다.

"이 사람들은 여자와 더불어 더럽히지 아니하고 순결한 자라 어린 양이 어디로 인도하든지 따라가는 자며 사람 가운데에서 속량함을 받아 처음 익은 열매로 하나님과 어린 양에게 속한 자들이니 그 입에 거짓말이 없고 흠이 없는 자들이더라"(계 14:4).

천국에서 장자들의 모임을 보여주신 것은 이 땅에서 그 완성의 가치를 이루는 것입니다. 이스라엘의 전 과정이 담겨 있습니다. 구속사, 역사, 복음이라는 과정에서 뛰어납니다. 이 끝에서 역시나 이스라엘도 교회로 들어오고, 예수님의 나라로 들어오는 것으로 멋진 피날레를 장식합니다. 그래서 예수님의 나라를 성도들의 진(캠프)이라고 부르기도 합니다. 시작도 아름답지만 끝은 더욱 섬세하고 영화롭습니다.

이스라엘 솔로몬 시대의 영광이 비로소 예수님의 나라에서 더욱 넘치는 것입니다.

의인의 영들

히브리서는 천국에 대하여 온전하게 된 의인의 영들(히 12:23)이 있음을 보여줍니다. 요한계시록에서는 천국에 24장로들이 있음을 보게 됩니다. 이 세상에서 온전하다고 인정된 인물로 에녹이 있었는데, 그는 하나님과 동행하는 사람이었습니다.

"에녹이 하나님과 동행하더니 하나님이 그를 데려가시므로 세상에 있지 아니하였더라"(창 5:24).

유다서는 그에 대하여 아담의 7대손으로 소개하며 그 예언에는 예수님의 재림도 묘사하고 있습니다(유 1:14). 참으로 대단합니다. 능력의 선지자로는 엘리야가 있습니다. 그는 불 말과 불 병거를 타고 회오리바람을 따라 올라갔습니다. 불 말과 불 병거(왕하 6:17)는 천사들의 역동적인 모습을 보여줍니다.

"두 사람이 길을 가며 말하더니 불 수레와 불 말들이 두 사람을 갈라놓고 엘리야가 회오리바람으로 하늘에 올라가더라"(왕하 2:11).

에녹과 엘리야는 죽음을 보지 않고 천국에 올라갔습니다. 아주 순식간이었지만 그 안에는 생략된 것이 있습니다. 그것은 죽음, 부활, 승천이라는 단계가 있는 것입니다. 이러한 심오함이 함축되어 있는 승천입니다.

이것이 맷돌 가는 두 여인과 밭을 가는 두 사람 중 한 사람이 올라가는(One will be taken) 축복입니다. 마지막 시대에는 이 부분이 크게 다가옵니다.

여기서 제외된 교인은 큰 환난에 처하게 될 것입니다. 이 큰 환난도 이길 수 있는 길을 허락하시겠지만 지금까지 겪은 인류사의 그 어떤 박해보다 크고 강해서 힘들 것입니다. 그럼에도 불구하고 이길 수 있는 비결은 지금까지 모든 것들이 사실이고 하나님의 말씀, 특별히 요한계시록에 기록된 모든 말씀이 사실이기에 생명을 건 믿음의 결단을 하게 되는 것입니다.

천국에서 제시된 유리 바다의 충족은 그 짐승과 그의 우상과 그의 이름의 수를 이기고 벗어난 자들로 채워집니다. 그들은 모세의 승리에 관한 노래의 주인공이며, 어린 양이신 예수님의 증인으로서 이 노래의 주인공인 것입니다. 천국에 입성했다는 사실은 영생의 축복을 입었다는 것이고, 천사들과 같은 영체를 입었다는 것입니다. 그들은 천국과 세상을 오가는 데 전혀 지장이 없는 초월적인 자유를 가집니다. 낙원은 아는 바와 같이 죽은 후에 영혼으로 머무는 곳입니다. 또한 낙원은 셋째 하늘에 속하니 천국이 아니고 보이지 않는 영혼의 세계인 저 세상입니다. 성경의 기록을 참고하기 바랍니다.

> "내가 그리스도 안에 있는 한 사람을 아노니 그는 십사 년 전에 셋째 하늘에 이끌려 간 자라(그가 몸 안에 있었는지 몸 밖에 있었는지 나는 모르거니와 하나님은 아시느니라)"
> (고후 12:2).

그는 사도 바울입니다. 그리스도를 주로 영접한 이후로 14년쯤에 체험한 사실입니다. 몸 안, 몸 밖이란 결국 몸과 관계가 있으니 영적으로 경험한 것입니다. 반드시 죽은 후에 갈 곳인데 죽지 않고 간 체험입니다. 그는 그곳을 낙원이라고 말합니다.

> "그가 낙원으로 이끌려 가서 말로 표현할 수 없는 말을 들었으니 사람이 가히 이르지 못할 말이로다"(고후 12:4).

가히 이르지 못할 말이란 아마도 그 시점에 사도 바울의 입장에서 그러할 것입니다. 여기에 예수님의 재림은 물론이고, 첫째 부활의 기대로 넘치는 이야기이며, 새로운 창조와 예수님의 나라 실현 등에 관한 이야기일 것입니다. 누가복음은 예수님의 십자가에서 일어난 일들을 소상하게 적었는데, 여기에 예수님께서 언급하신 낙원이 나옵니다.

"예수께서 이르시되 내가 진실로 네게 이르노니 오늘 네가 나와 함께 낙원에 있으리라"(눅 23:43).

이와 같이 천국에서 보여준 의인의 영들이 되기 전 모든 단계의 모습입니다. 일반적으로 사람이 죽으면 시신을 땅에 묻게 되는데, 그 영혼은 낙원에서 쉬게 됩니다. 쉼이란 세상에서의 힘겨움과 삶의 짐을 내려놓는 것이고, 정해진 기간 동안 쉬다가 예수님의 재림의 날에 그중에서 한 부류는 첫째 부활을 하는 것입니다. 이는 다시 살아서 예수님을 맞이하고 아름답게 준비된 예수님의 나라에서 천 년의 행복을 누리는 것입니다. 이것을 첫째 부활이라고 말합니다.

"이 첫째 부활에 참여하는 자들은 복이 있고 거룩하도다 둘째 사망이 그들을 다스리는 권세가 없고 도리어 그들이 하나님과 그리스도의 제사장이 되어 천 년 동안 그리스도와 더불어 왕 노릇 하리라"(계 20:6).

이 첫째 부활은 영혼이 살아서 육체를 입는 것으로 부활체입니다. 이는 그다음 단계인 영체를 위하여 천 년의 기간을 끝내고 마침내 천국에 가는 것입니다. 사람이 흙에서 산 자가 되고, 죽어서 죽은 자가 되고, 다시 살아 있는 자가 되고, 그 끝에서 영생을 취하는 자가 되는 단계 단계의 승격이 참으로 놀라운 축복입니다.

반대로 영생이 있는 천사가 세상으로 추락하고, 세상에서 무저갱으로 오고 가다, 귀신으로 전락하고 마침내 지옥으로 떨어지는 신세는 참으로 불쌍한 것입니다. 이것이 타락한 천사, 마귀의 비참한 최후입니다.

마귀와 사람이 그 처지가 뒤바뀐 것 같습니다.

그렇다고 모든 사람이 그런 것은 아니고, 사람들 중에는 마귀의 그 길을 따라 무저갱으로, 지옥으로 떨어지는 부류들이 많습니다. 유다서는 그 과정을 잘 설명해 주고 있습니다. 타락한 천사들이 한 행동을 따라하고, 그러한 것을 꿈꾸는 사람처럼 음란하고, 다른 육체를 따르고, 하늘의 권위를 업신여기며 비방하는 데 서슴없습니다. 그들은 교회를 핍박하고 성도를 큰 환난으로 몰아가는 타락한 사회를 만듭니다.

> "또 자기 지위를 지키지 아니하고 자기 처소를 떠난 천사들을 큰 날의 심판까지 영원한 결박으로 흑암에 가두셨으며 소돔과 고모라와 그 이웃 도시들도 그들과 같은 행동으로 음란하며 다른 육체를 따라가다가 영원한 불의 형벌을 받음으로 거울이 되었느니라 그러한데 꿈꾸는 이 사람들도 그와 같이 육체를 더럽히며 권위를 업신여기며 영광을 비방하는도다"(유 1:6-8).

신자는 형식적인 교인이냐, 진실한 성도냐에 따라서, 이 구분은 임의적이라는 데 생각의 여지가 있습니다. 그렇지만 단계가 있고, 상급에 차이가 난다는 사실을 알게 됩니다. 제일 좋은 단계는 에녹처럼 승천하여 모든 것을 누리는 축복입니다. 그다음에 좋은 단계는 하나님의 계획과 뜻, 마음과 소원을 믿음으로 소망하다 평안히 죽는 것입니다. 이것이 주 안에서 죽는 것이고, 죽었으나 그 믿음은 증거하고 있기에 첫째 부활자의 몫을 누리는 것입니다.

이어 좋은 단계는 마지막 시대의 주인공이 되어 큰 환난에서 이기는 자의 모습으로 예수님을 맞이하는 것입니다. 마지막으로 좋은 단계는 한 번 살았던 세상과는 더 이상 인연이 없지만 낙원에서 모든 과정이 끝날 때까지 기다리다가 하나님의 심판의 날에 예수님의 보혈의 공로로 천국에 입성하여 영생을 누리는 것입니다.

의인의 영이란 너무나 존귀한 신분이고, 영생의 보증이며, 영원한 천국에 속한 성도입니다. 의인의 영이란 첫째 부활자의 단계까지 이르면 세상에선 완성된 것입니다. 그 조건을 충족시키면 완성인 것입니다. 이것이 땅에서 이루어지는 것입니다.

완벽한 교회(Perfect Church)

    이 땅에서 완성할 목록으로 시내 산, 하나님의 성전, 유리 바다, 새 예루살렘, 장자들의 모임, 의인의 영들까지 여섯 항목을 살펴보았습니다. 여기서 남은 주제로 교회가 있습니다.

    이 항목 외에도 부가적으로 다루는 데 필요한 주제가 많습니다.
    그러면 천국에서 본 교회는 어떻습니까? 히브리서는 명칭으로써 교회를 기록하고, 요한계시록 1장에서는 일곱 촛대로 묘사합니다. 아시다시피 교회의 시작은 복음에 있습니다. 여기에 예수님의 초림과 예수님의 재림이 있습니다. 이 두 면을 확장하면 영원한 복음이 발견됩니다. 이는 요한계시록에서 발견되는 복음에 관한 통합적인 이해입니다.

    영원한 복음은 교회의 주제입니다.

크게 나누면 구원의 복음이요, 통치의 복음입니다. 다시 통치의 복음에는 상벌이 선명하게 드러납니다. 불신자는 재앙에 재앙으로 형벌을 받고, 신자는 상급을 받기 위해서 주의 성산에 올라갑니다.

그 준비는 첫째 부활자의 빛나는 세마포 옷이고, 그 예복으로 공중에서 예수님을 맞이합니다. 그곳에서 원수들을 징벌하시는 만왕의 왕을 뵈오며, 전능하신 하나님의 선물인 세상을 새롭게 하시는 창조를 참관하게 됩니다. 생각만 해도 흥분되고 감격스럽습니다.

우리는 반드시 참여하리라는 믿음을 채우고 있습니다. 온 세계를 우리에게 선물로 안겨 주실 것입니다. 이것이 우리의 길 앞에 펼쳐진 승리자의 상급입니다. 더 놀라운 일은 그곳에서 내려와 예수님의 나라를 보게 되고 그 안에서 천 년의 행복을 누린다는 것으로, 실로 하나님의 방대한 스케일에 놀라지 않을 수 없습니다.

결론적으로 모든 만물, 모든 세상은 교회에 귀속합니다.
교회의 위상은 만물 위에 있습니다. 교회의 머리는 예수 그리스도이십니다. 자신의 피로 사신 교회이기에 자신의 몸이며, 머리이십니다. 그런데 아직 만물이 예수님의 발아래 복종하지 않았습니다. 모든 죄인들도 그러합니다. 아직 비유에서처럼 왕위를 가지고 오시지 않았습니다.

"만물을 그 발아래에 복종하게 하셨느니라 하였으니 만물로 그에게 복종하게 하셨은즉 복종하지 않은 것이 하나도 없어야 하겠으나 지금 우리가 만물이 아직 그에게 복종하고 있는 것을 보지 못하고"(히 2:8).

하나님의 때에 만왕의 왕, 만주의 주로 오시면 모든 것을 판단하고 상벌을 주실 것입니다. 그러면 그때에 비로소 세상은 새롭게 됩니다. 이것이 하나님의 창조입니다.

그때에 모든 것이 복종하며, 순종하게 됩니다.
그 순종의 기간이 천 년입니다. 이 예수님의 나라는 교회의 완성인 것입니다. 교회는 성도들의 캠프이고, 하나님께서 참으로 사랑하시는 나라가 됩니다.

이 결과 안에서 지금 교회는 시험의 때를 맞이하고 있습니다. 각 교회가 무엇을 준비하고 새롭게 해야 하는지 잘 모르는 것 같습니다. 성령께서 각 교회를 향하여 귀를 기울여 들으라고 하십니다. 성령은 강력하게 미래의 역사에 대하여 조명해 주고 있습니다.

천국에서 본 성령은 일곱 등잔의 등불로 묘사합니다.
그 불빛으로 하나님의 소원을 밝혀 주시고, 예수님의 영광도 보여 주십니다. 그 불빛으로 각 교회를 밝혀주십니다. 어린 양의 일곱 눈처럼, 일곱 교회를 보시고 교회의 정체성을 밝혀줍니다.

여기서 첫 과제를 얻게 됩니다. 그것은 계시를 읽으라는 것입니다. 이 문을 열어야 비로소 알게 된다는 사실이고, 미래를 온전히 준비할 수 있다는 사실을 권면하고 있습니다. 이 계시에서 발견한 교회의 방향과 목표가 무엇인지를 확고하게 다져줍니다.

두 번째는 행실을 바르게 하는 것입니다. 구원받은 자로서 함부로 살면 상급이 없고, 오히려 원수의 비방거리로 전락하기에 어처구니없이 죽어야 합니다. 이러면 안 됩니다. 하나님께서 준비하고 주시고자 하는 것에 비교하면 참으로 어리석은 행동입니다. 이는 살아 있다면 큰 환난에 던질 수밖에 없는 것입니다. 그들은 어리석은 다섯 처녀인 것입니다. 하나님의 공의는 시작이든 끝이든 엄격합니다. 잘해서 칭찬받기를 바랍니다. 그런데 어떻게 잘해야 하는지 모르면 답이 없습니다. 단순하게 복음을 전하면 되지 않나 생각하겠지만 계시서, 요한계시록의 말씀을 모르면 하나님의 마음을 읽기 어렵습니다.

그리고 완성해야 할 목표 또는 그 완성을 원하는 목록이 없이 점검하는 것은 어리석은 것입니다. 제시된 목록을 보고 어떻게 할 것인지를 아는 것이 마지막 시대의 능력인 것입니다.

이 능력이 있어야 빼앗기지 않습니다. 이 능력이 있어야 참고 견딜 수 있습니다. 이 능력이 있어야 이기고 큰 상급을 받습니다.

> "볼지어다 내가 네 앞에 열린 문을 두었으되 능히 닫을 사람이 없으리라 내가 네 행위를 아노니 네가 작은 능력을 가지고서도 내 말을 지키며 내 이름을 배반하지 아니하였도다"
> (계 3:8).

일곱 교회에서 진정으로 능력이 있는 교회는 빌라델비아 교회입니다. 다윗의 열쇠로 연 교회입니다. 성령의 말씀에 귀를 연 교회입니다. 예수님의 노크에 문을 활짝 연 교회입니다. 교회의 주인이시고, 교회를 사랑하시는 예수님의 진리의 말씀에 응답한 교회입니다.

"네가 나의 인내의 말씀을 지켰은즉 내가 또한 너를 지켜 시험의 때를 면하게 하리니 이는 장차 온 세상에 임하여 땅에 거하는 자들을 시험할 때라 내가 속히 오리니 네가 가진 것을 굳게 잡아 아무도 네 면류관을 빼앗지 못하게 하라"(계 3:10-11).

과연 주께서 이런 교회를 어떻게 하시겠습니까?
빌라델비아 교회는 자신의 면류관이 무엇인지 아는 교회입니다. 자신에게 다가올 시험의 때를 아는 교회입니다. 자신이 가진 것을 확고하게 붙든 교회입니다. 어떻게 해야 시험의 때를 면하는지 잘 아는 교회입니다. 하늘에서 이룬 것이 무엇인지 아는 교회입니다.

이러한 교회는 땅에서 이룰 예수님의 나라를 비전으로 세우는 교회인 것입니다.

"이기는 자는 내 하나님 성전에 기둥이 되게 하리니 그가 결코 다시 나가지 아니하리라 내가 하나님의 이름과 하나님의 성 곧 하늘에서 내 하나님께로부터 내려오는 새 예루살렘의 이름과 나의 새 이름을 그이 위에 기록하리라"(계 3:12).

우리는 미래의 교회를 맞이할 것입니다.

이 말씀 위에 세운 교회가 아니면 모든 비전은 허약하고, 시험의 때에 무너질 것입니다. 점점 가까이 다가오는데 깨어 있지 못합니다. 자기 시대의 의문에 대한 대답을 모릅니다. 그리고 질문이 없습니다. 우리는 기도에 깨어 있고, 자기 시대에 깨어 있어야 합니다. 교회는 이것이 분명해야 합니다.

교회의 미래를 보면, 그 절차상 이스라엘의 회복 때에 비로소 이방인과 유대인이 교회로 하나가 되어 주를 섬길 것입니다. 교회의 마지막에 헌신은 먼저 이스라엘의 순교에서 발견될 것입니다. 그 순교는 예수님의 재림과 심판이 펼쳐지는 시점이 될 것입니다. 교회는 공중에서 주를 맞이하고, 마지막 세상 나라를 멸망시키는 주의 권세를 보며, 창조주 하나님의 창조의 선언을 맞이하고 드디어 예수님의 나라에서 완성하게 될 것입니다. 이것이 교회의 꿈입니다.

"그 후에 내가 내 영을 만민에게 부어 주리니 너희 자녀들이 장래 일을 말할 것이며 너희 늙은이는 꿈을 꾸며 너희 젊은 이는 이상을 볼 것이며"(욜 2:28).

예수님의 나라(2)

천국은 하나님의 나라이고, 세상은 예수님의 나라입니다.
천국에서 본 세계는 세상에서 반드시 이룰 것들입니다. 그 결과로 예수님의 나라가 세워지는 것입니다. 이 나라의 특징은 세상의 폐허 위에 하나님의 새창조로 새롭게 변화되는 세계를 맞이하고, 예수님의 나라도 하늘에서 준비되어 내려온 신비한 세계를 펼쳐줍니다.

우선 예수님의 나라는 예전에 불리던 천 년 왕국입니다. 천 년 왕국이라는 단어는 여호와 증인들의 상표등록처럼 취급되어 말하기 쉽지 않습니다. 그러나 교회가 쓸 수 있는 예수님의 나라를 널리 사용하여 사랑하기를 바랍니다.

가장 중요한 구분은 예수님의 나라에 관한 영토에 있습니다. 요한계시록은 천사의 측량으로 아주 정확한 치수를 밝힙니다. 정사각형 면적에 12,000스다디온입니다. 성곽의 높이는 144규빗입니다.

이 면적에 해당하는 옛 문헌을 참고해 보면 에덴은 네 강의 지류를 포함하고 있으며 에덴을 떠날 때에 에덴 동쪽을 지킵니다. 그 방향이 앗수르입니다. 그곳에 두 개의 강이 있습니다. 티그리스 강과 유브라데 강입니다. 이 공간을 포함한 면적이 해당됩니다.

아브라함에게 약속한 땅의 규모에 대해 애굽 강에서부터 그 큰 강 유브라데까지 주시겠다고 말씀하십니다(창 15:18). 실질적으로 가나안에 들어가 권리를 쟁취합니다.

> "곧 광야와 이 레바논에서부터 큰 강 유브라데 강까지 헷 족속의 온 땅과 또 해 지는 쪽 대해까지 너희의 영토가 되리라"(수 1:4).

하나님께서 모세의 후계자 여호수아에게 제시한 영토에서 북쪽의 경계선은 유브라데 강까지이고, 서쪽의 경계선은 대해, 지중해까지로 밝혀주십니다. 이스라엘은 다윗의 시대와 솔로몬의 시대 때 처음으로 제시된 영토를 장악합니다.

> "솔로몬이 유브라데 강에서부터 블레셋 땅과 애굽 지경까지의 모든 왕을 다스렸으며"(대하 9:26).

이 시점에 비로소 이 영토를 실질적으로 차지합니다.

이뿐만 아니라 솔로몬의 영광이 세상을 밝힙니다. 이는 그 시작과 그 끝 안에 존재할 일곱 역사 또는 일곱 제국에 관한 그 어떠함을 예시하고 있습니다. 팍스 솔로모나(Pax Solomona) 곧 지혜의 세계를 온 세계에 활짝 엽니다.

> "천하의 열왕이 하나님께서 솔로몬의 마음에 주신 지혜를 들으며 그의 얼굴을 보기 원하여 각기 예물을 가지고 왔으니 곧 은 그릇과 금 그릇과 의복과 갑옷과 향품과 말과 노새라 해마다 정한 수가 있었더라"(대하 9:23-24).

이스라엘의 역사는 솔로몬 시대 이후부터 축소되고 나눠지다 멸망했습니다. 또 세워지고 멸망하고 지금까지 왔습니다. 1948년 5월 14일 이전까지 나라도, 영토도 없는 한 많은 고난의 세월을 보내다 겨우 독립을 쟁취했습니다. 이에 대한 예언으로 살아 있는 말씀이 에스겔서입니다. 여기엔 곡과 마곡에 관한 이야기, 성전에 관한 설계도면의 이야기, 영토에 관한 기록이 있습니다. 그중에서 영토는 18,000척이라고 합니다. 어찌 보면 가장 심오한 기초계시인 것 같습니다.

> "그 사방의 합계는 만 팔천 척이라 그날 후로는 그 성읍의 이름을 여호와삼마라 하리라"(겔 48:35).

또한 스가랴서도 깊은 예언이 있습니다.
예수님의 통치는 바다에서 바다까지 이르고, 유브라데 강에서 땅 끝까지 이른다고 합니다. 이것이 통치의 예언입니다.

예수님의 나라(2)_ 83

"내가 에브라임의 병거와 예루살렘의 말을 끊겠고 전쟁하는 활도 끊으리니 그가 이방 사람에게 화평을 전할 것이요 그의 통치는 바다에서 바다까지 이르고 유브라데 강에서 땅 끝까지 이르리라"(슥 9:10).

마태복음에서도 예루살렘이 목격됩니다.

맹세에 관한 예수님의 말씀에서 하늘은 하나님의 보좌이고, 땅은 하나님의 발등상이라고 하면서 예루살렘을 지목하여 이릅니다. 이는 큰 임금의 성(마 5:35)이라고 하십니다.

에덴으로부터 예수님의 나라까지 그 중심은 예루살렘입니다. 그 동서남북의 영역이 영토이고, 예수님의 나라입니다. 여기서 하늘과 땅 전체는 하나님의 것입니다. 예수님께서 만왕의 왕으로 오실 때에 예루살렘 앞 감람산에 서실 것이라고 예언합니다.

요한계시록은 므깃도의 산, 아마겟돈에 서실 것이고, 그 공중에서라고 말씀이 나옵니다. 이는 마지막 일곱째 제국의 멸망 때에 해당합니다. 요한계시록을 통해 종합한 예수님의 나라는 예루살렘을 포함한 12,000스다디온의 장막입니다. 이스라엘 광야의 회막이, 예수님의 나라에서는 새 예루살렘 성입니다. 계산적으로 부담은 있지만 미국 영토의 절반에 해당합니다. 그러나 높이의 신비함이 커서 형용하긴 어렵습니다. 이 모든 것을 정리하면 이렇습니다.

첫째로 일곱째 제국은 멸망하고 그 재앙의 피해들은 사람의 재건이 불가능합니다. 그래서 창세기를 여셨듯이 새롭게 예수님의 나라를 위하여 모든 만물을 새롭게 창조해 주십니다. 그것이 하나님께서 땅에서 이루신 것입니다. It is done.

오직 예수님과 그의 나라에 참여할 성도를 위하여 새롭게, 멋지게, 아름답게, 영화롭게 창조하십니다. 이사야 선지자도 65장 17절부터 66장 22절을 통해 이 창조의 말씀을 기록합니다.

"보좌에 앉으신 이가 이르시되 보라 내가 만물을 새롭게 하노라 하시고 또 이르시되 이 말은 신실하고 참되니 기록하라 하시고"(계 21:5).

둘째로 세상은 새로운 변화를 맞이합니다. 그 중심에 예수님의 나라가 있고, 그 주변에 세상이 있습니다. 지금의 역사처럼 천 년 동안 연장하는 역사입니다. 그러나 삶의 본질이 다릅니다.

천 년 동안은 의로 다스리는 것입니다.
예수님의 나라 안에는 죽음, 슬픔, 질병, 착취, 경쟁, 인간사의 모든 더러움이 없어집니다. 로마서는 하나님의 나라를 다음과 같이 정의합니다.

"하나님의 나라는 먹는 것과 마시는 것이 아니요 오직 성령 안에 있는 의와 평강과 희락이라"(롬 14:17).

하나님의 나라는 마음에 있는 것만이 아니라 예수님의 나라에 있을 때에 더 구체적으로 나타나고 보장됩니다. 그래서 더욱 예수님의 재림과 그의 나라를 사모하게 됩니다. 그러나 예수님의 나라 밖에는 삶과 죽음이 있습니다.

재앙에서 살아난 형벌이 잠시 유예된 사람들은 살고 죽을 것입니다. 그들은 100세 정도 무병하다 죽을 것(사 65:20)입니다. 죽으면 무저갱에 들어가 후회와 고통 속에서 지옥을 기다리게 됩니다.

예수님의 나라, 천 년 왕국이 새 예루살렘으로 묘사한 이유도 그 성과 밖을 구분하고 있다는 사실을 시사하고 있습니다. 예수님의 나라는 성도를 위한, 교회를 위한 상급입니다. 너무 커서 형용하기 어렵지만 큰 행복이라고 말하고 싶습니다.

셋째로 이 상급은 그동안 하나님 말씀대로 산 믿음에 대한 보상이고, 위로이며, 선물입니다. 첫째 부활자로서 우리는 죽음이 없고 천 년을 꼬박 주님과 함께하는 것입니다. 옛날에 죽음에서 부활하신 예수님은 그의 제자들과 500여 형제를 만나셨고 무엇보다 40일을 계신 후에 승천하셨습니다.

그들과 비교가 안 되는 천 년을 함께하십니다. 우리는 참으로 행복한 사람들입니다. 이 행복이 끝나면 예수님과 함께 천국에 가서 영원히 사는 것입니다. 오직 예수님의 나라에서 행복한 천 년을 살면서 알게 됩니다. 영원이란 어떤 것인지 말입니다.

"내 거룩한 산 모든 곳에서 해됨도 없고 상함도 없을 것이니 이는 물이 바다를 덮음같이 여호와를 아는 지식이 세상에 충만할 것임이니라"(사 11:9).

댓글로 함께해 주신 목사님의 질문에 대해서 더 묵상하겠습니다. 이후에 천국에서 예시한 것들이 무엇이고, 어떻게 땅에서 이루어지는지 한 항목씩 쓰려고 합니다. 제 글을 대하는 모든 분들에게 계시의 말씀이 각자의 믿음을 더욱 깊게 세우는 데 도움이 되도록 잘 쓰고 기도도 하겠습니다. 성령께서 큰 은혜로 함께하시길 축원합니다.

■ 댓글

감사합니다!
제가 최근 계시록 전체 암송을 마쳤기에 참 유익하고, 그러나 아직 깨닫지 못한 부분이 많지만 큰 도움이 됩니다. 계속 부탁합니다. 또 이 시대와 접목해서 하시니 더욱 좋고요, 앞으로도 많이 올려주세요.

금 제단

천국에서 선명하게 제시한 일곱 가지 외에 첨부할 제목으로 제단부터 시작합니다. 더 세밀하게 만지는 작업이라고 생각하면 좋겠습니다.

하나님의 보좌 앞에 금 제단이 있습니다.
천사가 금향로에 많은 향을 담아서 올립니다. 많은 향은 성도의 기도입니다. 이 향연이 하나님께 올려집니다. 과연 성도의 기도는 무엇입니까? 이는 상당히 포괄적인 내용입니다.

그중에 복음서는 아벨의 피로부터 사가랴의 피까지 모든 순교자의 기도를 말하고 있습니다. 그들의 호소는 무엇입니까?

"그러므로 의인 아벨의 피로부터 성전과 제단 사이에서 너희가 죽인 바라갸의 아들 사가랴의 피까지 땅 위에서 흘린 의로운 피가 다 너희에게 돌아가리라 내가 진실로 너희에게 이르노니 이것이 다 이 세대에 돌아가리라"(마 23:35-36).

요한계시록은 제단 아래에 모여 큰 소리로 부르는 죽임을 당한 영혼들, 순교자들의 기도가 있습니다. 그들의 기도 내용이 무엇입니까? 언제 우리의 피를 신원해 주실 것인지를 하나님께 탄원하고 있습니다.

하나님께서 위로해 주시고 조금만 더 기다리라고 하십니다. 이스라엘의 회복과 헌신이 순교자로 준비가 끝나면 신원 회복 조치를 취하겠다고 하십니다. 이 조치 명령에 따라서 천사는 향로에 불을 담아다가 땅에 쏟습니다. 그러자 우레와 음성과 번개와 지진이 일어납니다.

드디어 일곱 나팔 재앙이 시작된 것입니다. 이 재앙들로 인하여 의인들의 억울함을 풀어주시고 죄인들을 형벌하는 전무후무한 조치를 행하십니다. 물을 다스리는 천사는 물이 피로 변하여 죄인들이 그 핏물을 마시며 고통스럽게 죽임을 당하는 것을 보고 이런 재앙이 합당한 처사임을 밝혀줍니다.

"그들이 성도들과 선지자들의 피를 흘렸으므로 그들에게 피를 마시게 하신 것이 합당하니이다 하더라"(계 16:6).

물을 다스리는 천사의 고백이 나오자 제단에 모여 서 있던 모든 순교자들을 대표한 음성이 들려옵니다. 참으로 의로우신 판단이며 심판이라는 사실에 감사하고 있습니다.

"내가 들으니 제단이 말하기를 그러하다 주 하나님 곧 전능하신 이시여 심판하시는 것이 참되시고 의로우시도다 하더라"(계 16:7).

이제 원한은 갚아주셨습니다. 이것으로 하늘에 있는 제단은 땅에서 이와 같이 이루고 마칩니다. 이 결과에 따른 조치로 만백성의 칭송이 들립니다. 참 잘하셨습니다. 할렐루야, 삼창합니다.

"이 일 후에 내가 들으니 하늘에 허다한 무리의 큰 음성 같은 것이 있어 이르되 할렐루야 구원과 영광과 능력이 우리 하나님께 있도다 그의 심판은 참되고 의로운지라 음행으로 땅을 더럽게 한 큰 음녀를 심판하사 자기 종들의 피를 그 음녀의 손에 갚으셨도다 하고"(계 19:1-2).

이것으로 끝나지 않고 다시 넘칩니다.
남은 것이 있습니다. 그것이 무엇입니까? 역대의 모든 순교자들을 어떻게 예우하시는지를 보면 하나님의 섬세함에 놀랍니다.

우선 순교의 정의를 내리면, 예수님을 증언함과 하나님의 말씀 때문에 목 베임을 받은 자들입니다. 그들에 대한 하나님의 축복은 첫째 부활지로 예수님 재림의 날에 회복시켜 주신다는 것입니다.

"또 내가 보좌들을 보니 거기에 앉은 자들이 있어 심판하는 권세를 받았더라 또 내가 보니 예수를 증언함과 하나님의 말씀 때문에 목 베임을 당한 자들의 영혼들과 또 짐승과 그의 우상에게 경배하지 아니하고 그들의 이마와 손에 그의 표를 받지 아니한 자들이 살아서 그리스도와 더불어 천 년 동안 왕 노릇 하니(그 나머지 죽은 자들은 그 천 년이 차기까지 살지 못하더라) 이는 첫째 부활이라"(계 20:4-5).

위의 말씀에서 두 면을 강조합니다.
첫째는 모든 순교자들에 대한 말씀입니다.
둘째는 짐승의 우상과 짐승의 표를 거부한 사람들에 대한 말씀입니다.

이 일로 죽은 성도들이 살아서 첫째 부활자가 되는 것입니다. 그들에게 충분한 보상으로 천 년의 삶을 보장하십니다. 여기서 끝나지 않고 그다음 6절을 보면 그들에게 둘째 사망이 없습니다. 이는 천 년의 삶에 대한 완전한 행복을 주신다는 뜻입니다. 아픔, 질병, 불행, 억울함, 죽음이 없습니다. 이제는 슬픈 이야기가 전혀 없습니다.

그들에게 세상 백성들을 다스리는 권세를 주십니다.
제사장, 나라, 왕, 선지자 그다음에 아들로 삼아 상속자가 되게 하십니다. 그것이 예수님의 나라입니다.

"이기는 자는 이것들을 상속으로 받으리라 나는 그의 하나님이 되고 그는 내 아들이 되리라"(계 21:7).

이 글에서 제단은 천국에 있고, 낙원에 있어 보입니다. 이는 장소를 강조하기보다는 어떻게 땅에서 이루어지는지에 주목해야 합니다. 제단의 장소가 천국이든, 낙원이든 순교자들의 원한을 풀어주시고, 상급을 주시는 것으로 충분합니다.

그럼에도 불구하고 굳이 구분하고 싶다면 죽은 영혼들은 당연히 절차상 낙원이며, 궁극적으로는 천국이라는 영원에서 파생된 개념이기에 하나님의 성전처럼 제단은 천국에서 본 목록에 포함할 수 있습니다.

일곱 등불

하나님의 보좌 앞에 일곱 등불이 켜(blaze/ 타오르다) 있습니다.

타오르는 불이 일곱 등잔에 있습니다. 그것으로 천국을 비쳐줍니다. 전능하신 하나님의 보좌와 어린 양 예수님의 보좌를 밝혀 주니 그제야 하나님의 마음이 읽히고, 예수님의 약속에 따른 준비가 보입니다.

타오르는 일곱 등불이 있습니다.

천사들이 고백하는 찬양의 내용을 알려주고, 세상을 읽기에 필요한 지식으로 일곱 인을 비쳐주고, 일곱 금 촛대인 일곱 교회를 비쳐줍니다.

그리고 우리의 마음도 이끄십니다.

성령의 세례로, 성령의 은사로 이끄시고, 이제는 계시로 밝혀주십니다. 그래서 지혜와 계시의 영이시고, 하나님의 보좌 앞에 있는 일곱 영(계 1:4)이라고 말씀합니다. 우리 시대는 당연히 계시에 집중해야 합니다.

성령께서 지금은 계시의 시대(요 16:13)임을 밝혀주십니다. 여기서 예수님의 영광을 집중해서 조명해 주십니다. 이는 장래에 반드시 일어날 일들 가운데 가장 멋진 피날레이기 때문에 교회와 성도가 깨닫도록 모든 상황을 이끌고 계십니다.

"성령과 신부가 말씀하시기를 오라 하시는도다 듣는 자도 오라 할 것이요 목마른 자도 올 것이요 또 원하는 자는 값없이 생명수를 받으라 하시더라"(계 22:17).

코로나19 시대는 재난의 시작에 해당합니다.
이때는 삼가 주의해야 합니다. 방역에 힘쓰고 야곱의 씨름처럼 영적 능력을 구해야 할 때입니다.

어느 선교단체는 교회의 비전이 희미할 때에 젊은이들에게 세계선교에 대한 열망을 심어주는 역할을 했습니다. 그런데 방역에 비상이 걸렸습니다. 그러면 안 됩니다. 지혜와 명철함과 계시가 없으면 흐릿하고 무모해집니다. 교회는 이것이 비전이라고 할 만한 프로젝트를 만들려고 무던히 힘썼지만 세월을 낭비한 것 같은 느낌을 지울 수 없습니다. 이제는 없습니다. 평범한 일상으로 돌아가야 합니다. 이제는 주변을 막으실(stop) 때에, 세계를 닫으실(close) 때에, 우리가 해야 할 기본은 하나님의 말씀 앞으로 돌아가서 회개하고 기다리는 것입니다.

사실 조용히 성경을 읽고 묵상하는 것에 있어서 이보다 좋은 환경이 어디에 있습니까? 이참에 편식하던 안일한 태도를 고치고 요한계시록을 자기 시대의 양식으로 삼아야 합니다.

먼저 읽으면서 성령의 인도를 구해야 합니다. 지혜와 계시의 영이신 성령께서 가르쳐 주십니다. 성경에서 오랫동안 방치된 요한계시록의 말씀을 읽고 가르쳐야 합니다. 제자들이 복음을 위하여 헌신하고 순교하여 모두 떠난 지 30여 년쯤 뒤에 유일한 생존자, 사도 요한은 유배지 밧모 섬에서 가장 중요한 것을 깨닫게 됩니다. 이는 천국을 열어서 가르쳐 주신 그야말로 비밀의 말씀입니다.

일곱 등잔의 불이 세상을 비춥니다.
마지막 시대에 일곱 교회가 무엇이 문제이고 어디에 집중해야 능력을 얻고 자기 시대를 이끌 수 있는지를 가르쳐 주십니다. 세상은 어디쯤 왔으며 하나님의 정하신 뜻이 세상과 얼마나 벌어졌는지, 그 틈을 채울 수 있는지를 보게 하십니다. 한국교회는 성령께서 어디로 이끌고 계신지를 알아야 합니다. 지금까지 했던 방식대로 무작정 열심만으로 다 되는 것은 아닙니다. 지금은 이조차도 희미하지만 지금부터 바르게 알고 가야 합니다.

첫째로 부활에 대한 믿음을 더 깊게 가져야 합니다. 이 사모함이 간절할 때에 우리의 믿음은 견고해집니다. 죽음보다 강한 부활의 믿음이 있어야 합니다. 교회의 힘은 부활입니다. 예수님의 부활과 우리의 부활은 참으로 강력한 믿음의 힘입니다.

"참으로 우리가 여기 있어 탄식하며 하늘로부터 오는 우리 처소로 덧입기를 간절히 사모하노라"(고후 5:2).

성령은 단순히 부활에 머물지 않고 구체적으로 첫째 부활자를 제시합니다.
이 사모함이 열심의 정의입니다.

"또 내가 보좌들을 보니 거기에 앉은 자들이 있어 심판하는 권세를 받았더라 또 내가 보니 예수를 증언함과 하나님의 말씀 때문에 목 베임을 당한 자들의 영혼들과 또 짐승과 그의 우상에게 경배하지 아니하고 그들의 이마와 손에 그의 표를 받지 아니한 자들이 살아서 그리스도와 더불어 천년 동안 왕 노릇하니 (그 나머지 죽은 자들은 그 천 년이 차기까지 살지 못하더라) 이는 첫째 부활이라 이 첫째 부활에 참여하는 자들은 복이 있고 거룩하도다 둘째 사망이 그들을 다스리는 권세가 없고 도리어 그들이 하나님과 그리스도의 제사장이 되어 천 년 동안 그리스도와 더불어 왕 노릇하리라"(계 20:4-6).

둘째로 베드로 사도의 노년의 고백에서 발견됩니다. 의의 나라,

새 하늘과 새 땅으로 열리는 세계를 사모하라고 합니다. 이는 천국을 말한 것이 아닙니다. 마지막 시대에 있을 재앙과 그 후에 있을 새로운 세계를 말합니다.

"하나님의 날이 임하기를 바라보고 간절히 사모하라 그날에 하늘이 불에 타서 풀어지고 물질이 뜨거운 불에 녹아지려니와 우리는 그의 약속대로 의가 있는 곳인 새 하늘과 새 땅을 바라보도다"(벧후 3:12-13).

이 새로운 세계에 대해서는 더 구체적으로 요한계시록 21장과 22장을 통해 기록하고 있습니다. 그것이 바로 예수님의 나라입니다. 이 땅에서 완성될 하나의 교회입니다. 이방인과 유대인이 하나로 통합된 완벽한 교회(Perfect Church)입니다.

이처럼 첫째 부활자와 예수님의 나라의 도래는 사도 요한에 의하여 선명하게 다가온 것을 성령께서 가르쳐 주십니다. 단지 상징으로만이 아닙니다. 정확하게 역사적으로 다가옵니다.

"일곱째 천사가 나팔을 불매 하늘에 큰 음성들이 나서 이르되 세상 나라가 우리 주와 그의 그리스도의 나라가 되어 그가 세세토록 왕 노릇 하시리로다 하니"(계 11:15).

일곱 등불은 성령께서 밝혀 주시는 하나님의 비밀입니다. 그 일곱 인에 감춰진 비밀입니다. 여기에 과거, 현재, 미래를 담고 있습니

9. 일곱 등불 _ 97

다. 세상을 읽는 방법을 터득할 지혜는 오직 지혜와 계시의 영이신 성령에게 있습니다. 사도 바울은 계시로 비밀을 알았고, 그 안에서 그리스도의 비밀을 알게 되었다고 말합니다. 그 결과로써 얻은 소중한 믿음이 있습니다. 이는 이방인의 사도로서 자기 사명을 확신하게 만듭니다.

> "이는 이방인들이 복음으로 말미암아 그리스도 예수 안에서 함께 상속자가 되고 함께 지체가 되고 함께 약속에 참여하는 자가 됨이라"(엡 3:6).

사도 바울은 자신의 사명을 확신하고 있습니다. 우리에게 마지막 시대에 주어진 사명은 무엇입니까? 복음을 전하는 그 자리에서 얻을 것이 무엇입니까? 바로 이것이라고 할 내용이 있어야 합니다. 그것이 역시나 계시에 있습니다. 반드시 일곱 교회의 결과를 주목해야 합니다. 그 첫째 교회인 에베소 교회에서도 발견할 수 있습니다. 성령께서 주목하게 하신 것이 무엇입니까?

> "귀 있는 자는 성령이 교회들에게 하시는 말씀을 들을지어다 이기는 그에게는 내가 하나님의 낙원에 있는 생명나무의 열매를 주어 먹게 하리라"(계 2:7).

성령께서 첫째 교회에서 주목하게 하신 것은 바로 에덴동산의 생명나무입니다. 하나님의 낙원에 있는 생명나무의 열매를 주신다고 말씀하십니다. 그렇다면 창세기에서 주목하게 하신 생명나무의 길을 차단하신 이후로 그 시작에서 이제는 마칠 때가 되었다는 것입니다. 이것을 성령께서 가르쳐 주시고자 하는 것입니다.

생명나무의 길을 열어서 생명나무의 열매를 먹을 수 있는 그 완벽한 성취를 요한계시록을 통해 가르쳐 주십니다. 그러므로 성령께서 계시를 집중적으로 조명해 주시는 것입니다.

우리는 일반적으로 비유에서 맷돌을 수없이 갈든지, 밭일을 수없이 하든지 할 것입니다. 그러나 한 사람은 시대의 양식을 만들고, 한 사람은 밭의 보화를 발견하는 것입니다. 그 한 사람의 지혜와 충성과 선함이 자기 시대를 이끌고 주님을 맞이하는 깨어 있는 사람입니다. One will be taken. 이것으로 일곱 등잔에 있는 등불의 역할에 충족하게 될 것입니다. 일곱 등불은 이 땅에서 교회를 위하여 요한계시록의 말씀을 통해 완성을 한다는 사실을 비춥니다.

■ 댓글

너무나 이 시대에 필요한 해석입니다.

하나님이 주시는 지혜와 계시의 영이 필요한 때입니다. 열심보다 더 중요한 것은 바른 지혜의 분별력입니다. 문득 저들이 하나님께 열심이 있으나 올바른 지식을 따른 것이 아니라는 로마서의 책망이 생각납니다.

낙원/ 셋째 하늘

낙원은 천국이 아닙니다.
우선 에덴이라는 지상의 낙원이 있고, 죽은 후에 영혼들이 쉬는 셋째 하늘에 있는 낙원입니다. 이 낙원은 예수님께서 십자가에서 한 강도에게 선언하신 바와 같습니다.

"예수께서 이르시되 내가 진실로 네게 이르노니 오늘 네가
나와 함께 낙원에 있으리라 하시니라"(눅 23:43).

낙원은 죽어서 영혼으로 가는 곳입니다.
사도 바울이 경험한 세계로 셋째 하늘이며, 그 낙원이 맞습니다. 그래서 셋째 하늘 그 이상이 천국인 것입니다.

"내가 그리스도 안에 있는 한 사람을 아노니 그는 십사 년

전에 셋째 하늘에 이끌려 간 자라 (그가 몸 안에 있었는지
몸 밖에 있었는지 나는 모르거니와 하나님은 아시느니라)"
(고후 12:2).

이 세상의 범위는 셋째 하늘까지입니다. 첫째 하늘은 공중이고, 둘째 하늘은 우주이고, 셋째 하늘은 낙원이고, 그 반대로는 무저갱입니다.

천국은 이 모든 과정을 끝내야 비로소 가는 영원한 세계인 것입니다. 그러면 낙원은 어떻게 해야 완성할 수 있습니까? 낙원이 있는 이유와 그 목적을 살펴봅시다.

가장 기본적인 낙원의 기능입니다. 성도가 죽으면 그 영혼이 머무는 곳이 낙원이며, 죽은 후에 영혼이 쉴 만한 곳이 낙원입니다. 그곳에서 예수님의 재림의 날을 기다립니다. 이 행복한 기대는 살아 있을 적에 가졌던 소망이고, 믿음입니다.

이런 기대는 예수님의 재림의 날에 첫째로 부활하는 영예를 얻는 것입니다. 이것이 첫째 부활자입니다. 죽었으나 그날에 살아나는 것입니다. 이 기준이 성경에서 말씀하는 주 안에서 죽는 자의 복인 것이며, 거룩한 복이라고 말합니다. 히브리서는 이것을 믿음, 증거, 약속이라고 부릅니다. 이 거룩한 복을, 이 약속을 받은 자는 낙원에서 기대하며 재림의 날을 고대합니다.

반면에 첫째 부활자 외에는 그대로 남아야 합니다.

무저갱에 있는 불신자는 고통 속에서 영벌의 형벌이 있는 날까지 거기에 있다가 하나님의 심판의 날에 지옥으로 떨어집니다. 그러면 무저갱은 소멸합니다.

낙원에 남아 있는 성도들이나, 무저갱에서 고통 중에 있는 사람들이나 모두 지상에서 천 년의 행복이 끝날 때까지 기다려야 합니다. 예수님의 나라에 참여하여 천 년의 삶을 누리던 첫째 부활자들이 천국에 입성하면 그제야 낙원에 머물던 남은 성도들이 부활하여 하나님의 심판에서 예수님의 십자가 공로로 천국에 입성합니다. 그러면 낙원도 세상과 함께 사라집니다.

처음과 나중, 시작과 끝이라는 표현처럼, 처음 부활과 나중 부활, 첫째 부활과 마지막 부활이라고 부르는 데 문제가 없습니다. 부활이 없으면 천국에 갈 수 없습니다. 천국은 영원성이 있어야 합니다.

에덴이 낙원이고, 저 세상이 낙원이고, 예수님의 나라 그 천 년이 낙원이라고 말할 수도 있지만 사도 바울이 셋째 하늘이라고 규정한 낙원이 본 주제에 맞습니다. 첫째 하늘과 둘째 하늘이 이 세상이고, 죽어서 영혼이 가는 저 세상인 셋째 하늘이 낙원입니다.

타종교에서 말하는 사람이 죽으면 그 영혼이 살던 세상을 떠돌다가 저승에 간다는 49재 이야기는 흥미롭지만 사실과 다른 거짓입니다. 예수님이 말씀하신 것처럼 오늘 네가 나와 함께 낙원에 있을 것이라고 하신 것이 옳습니다.

영혼이 육체에서 빠질 때의 속도는 한순간입니다. 사도 요한이 한순간에 천국에 간 것도 마찬가지입니다. 어디에 머뭇거릴 이유가 없습니다. 하나님의 절차에 따라서 진행될 뿐입니다.

귀신들에게 저승사자 노릇을 하라고 임명한 적이 없습니다. 그저 속이고 희롱할 뿐입니다. 단호히 배격해야 합니다. 영화 "신과 함께", 베르나르 베르베르의 소설 등에 나오는 죽음은 전부 이를 바탕으로 꾸민 이야기, 허구일 뿐입니다. 이는 더러운 귀신들의 사기에 불과합니다. 성경은 낙원과 무저갱에 대한 정의를 밝혀줍니다.

첫째로 무저갱의 열쇠를 천사에게 주십니다.
하늘에서 내려온 별 하나인 천사가 무저갱에서 황충의 떼를 다섯째 재앙의 수단, 재앙의 도구로 쓰려고 하늘에서 열쇠를 가져옵니다. 그곳(무저갱에서 황충의 떼가 있는 곳)을 열면 이 황충의 떼는 150일 동안 다섯째 재앙으로, 또는 첫 번째 화로 사용되는 도구가 될 것입니다. 죽은 불신자들의 영혼에게 고통을 주던 황충의 떼가 이 세상에 나와 재앙의 도구로 쓰인다고 생각하니 하나님의 공의는 참으로 무섭습니다.

"다섯째 천사가 나팔을 불매 내가 보니 하늘에서 땅에 떨어진 별 하나가 있는데 그가 무저갱의 열쇠를 받았더라"(계 9:1).

둘째로 마귀를 잡아서 무저갱에 감금하기 위해서는 특별한 조치가 필요합니다. 그것이 무엇입니까? 그것은 천사가 하늘에서 무저갱의 열쇠와 큰 쇠사슬을 가지고 내려오는 것입니다. 이로 보건대 무저갱의 영역은 참으로 광활한 것 같습니다.

황충의 떼가 있는 무저갱과 그 열쇠 그리고 특별히 마귀를 결박하여 무저갱에 던져 감금하려면 하늘에서 가지고 온 무저갱의 열쇠와 큰 쇠사슬이 있어야 합니다. 그리고 하늘과 무저갱이 근본적으로 차원이 다른 장소임을 발견하게 됩니다. 마귀는 영체이기에 하늘의 것, 영원한 것이 아니면 결박할 수 없다는 사실도 알게 됩니다.

"또 내가 보니 천사가 무저갱의 열쇠와 큰 쇠사슬을 그의 손에 가지고 하늘로부터 내려와서 용을 잡으니 곧 옛 뱀이요 마귀요 사탄이라 잡아서 천 년 동안 결박하여 무저갱에 던져 잠그고 그 위에 인봉하여 천 년이 차도록 다시는 만국을 미혹하지 못하게 하였는데 그 후에는 반드시 잠깐 놓이리라"(계 20:1-3).

불신자들이 가는 무저갱에는 고통이 있습니다. 이는 형벌의 장소이기 때문입니다. 고통 가운데 후회도 있습니다. 이 땅에 남은 가족에게 요청하는 것은 제발 여기에 오지 말라는 것입니다. 이것이 옳습니다.

"내 형제 다섯이 있으니 그들에게 증언하게 하여 그들로 이 고통 받는 곳에 오지 않게 하소서"(눅 16:28).

그런데 마귀와 귀신들은 이마저도 악용하여 남은 자들을 미혹하고 있으니 참으로 악랄한 존재입니다.

"너희는 너희 아비 마귀에게서 났으니 너희 아비의 욕심대로 너희도 행하고자 하느니라 그는 처음부터 살인한 자요 진리가 그 속에 없으므로 진리에 서지 못하고 거짓을 말할 때마다 제 것으로 말하나니 이는 그가 거짓말쟁이요 거짓의 아비가 되었음이라"(요 8:44).

하나님의 공의는 엄중하여 이 땅에서 사는 날 동안만을 판단합니다.

더욱 엄격한 판단은 이방인의 복음까지입니다. 이스라엘이 회복하면 더 이상의 기회는 없습니다. 그래서 이 시점부터 1,260일로 날짜를 정한 것입니다.

"내가 나의 두 증인에게 권세를 주리니 그들이 굵은 베옷을 입고 천이백육십 일(1,260일)을 예언하리라"(계 11:3).

유대력과 현대력이 1년에 11일씩 차이가 나도 변함없는 규정은 1,260일입니다. 이것이 감하신 날들에 대한, 최종적으로 보면 확정된 날들입니다. 요한계시록의 말씀에서 42개월이라고 한 것도, 한 때와 두 때와 반 때라고 한 것도 동일하게 1,260일인 것입니다. 단 하루라도 연장되지 않습니다.

"이는 그때에 큰 환난이 있겠음이라 창세로부터 지금까지 이런 환난이 없었고 후에도 없으리라 그날들을 감하지 아니하면 모든 육체가 구원을 얻지 못할 것이나 그러나 택하신 자들을 위하여 그날들을 감하시리라"(마 24:21-22).

현대력보다 짧은 유대력의 차이도 필요 없습니다. 여기서 벗어난 계산은 모순입니다. 낙원에서의 기다림은, 개인의 역사는 끝났어도 인류의 역사는 남아 있기에 이 모든 것이 끝나서 천국과 지옥이 열리기에 기다려야 합니다. 낙원에서의 쉼은 이 세상의 역사가 끝나야 합니다. 그러므로 낙원은 이 땅에서 첫째 부활자의 시기와 천 년의 예수님의 나라가 끝나야 비로소 그 역할을 충족하는 것입니다.

"또 내가 크고 흰 보좌와 그 위에 앉으신 이를 보니 땅과 하늘이 그 앞에서 피하여 간 데 없더라"(계 20:11).

하나님의 절차에서 보면 예수님의 재림은 첫째 부활자의 출현을 기대하게 합니다. 그렇다고 이것으로 끝나지 않습니다. 역사는 많이 남아 있습니다. 예수님과 함께 천 년이란 기간도 역사의 남은 부분이고, 마귀가 처벌되는 시점도 역사의 남은 부분입니다. 최종적으로 마귀까지 사건이 종결돼야 비로소 역사는 끝납니다. 그때에 땅과 하늘에 부속된 세상의 모든 공간이 사라집니다.

그러면 유일하게 남는 것은 천국과 지옥뿐입니다. 세상에서 영원으로의 귀환이 끝이라고 말할 수 있습니다. 우리는 예수님의 나라에서 예수님과 함께 천 년의 행복을 안고 천국으로 올라갑니다. 이것이 영생복락입니다.

우리는 이제 죽어서 낙원에 가든지, 아니면 살아서 주님의 재림을 맞이할지 하나님의 절차를 기다리고 있습니다. 그 어느 시대보다 21세기는 요한계시록에서 제기한 말씀이 이루어지는 시기임에 분명합니다. 그래서 깨어 있어야 합니다. 이 말씀이 이해되면, 계시의 말씀을 받은 자들의 믿음의 정체성이 선명해집니다.

"너는 가서 마지막을 기다리라 이는 네가 평안히 쉬다가 끝날에는 네 몫을 누릴 것임이라"(단 12:13).

무저갱/ 셋째 하늘

귀신들조차 몸서리치게 싫어하는 장소는 무저갱입니다.
당연히 지옥이 더 싫겠지만 현재의 입장에서는 무저갱입니다. 거기에 마귀가 있다는 사실은 좋아서 거기에 있겠습니까, 그곳을 다스리기 때문이겠습니까, 아니면 다른 이유가 있을까요?

> "예수께서 네 이름이 무엇이냐 물으신즉 군대라 하니 이는
> 많은 귀신이 들렸음이라 무저갱으로 들어가라 하지 마시기
> 를 간구하더니"(눅 8:30-31).

마귀는 무저갱을 다스리는 자도 아니고, 그곳을 좋아하는 것도 아니고, 단지 형벌의 절차 가운데 있을 뿐입니다. 우리 예수님의 죽음, 부활, 승천으로 마귀의 권세와 사망과 음부의 권세도 꺾였으니, 그곳은 더 이상 관여할 수 없는 추방된 곳일 뿐입니다.

마귀는 영체이고, 사람은 영혼이기에 그 차이가 분명히 있습니다. 무저갱에서 죽은 불신자들의 영혼이 고통 중에 세상에 대한 후회와 다가올 지옥의 엄벌을 생각하며 쉼이 없는 고통의 시간을 보내는 것입니다.

무저갱은 흑암이 깊은 곳이고, 영혼의 감옥이며, 스올입니다.
예수님의 재림 후 천 년 동안 더 존속하다가 소멸될 저 세상인 것입니다. 마귀는 두 선지자의 1,260일 예언사역이 마칠 무렵에 그곳을 탈출하여 전쟁을 일으킬 것입니다.

> "그들이 그 증언을 마칠 때에 무저갱으로부터 올라오는 짐승이 그들과 더불어 전쟁을 일으켜 그들을 이기고 그들을 죽일 터인즉"(계 11:7).

이는 두 선지자와의 전쟁이 있을 것을 예고합니다.
여기서 두 선지자는 죽임을 당하고 삼일 반 동안 시체는 예루살렘에 방치될 것입니다.
그러나 부활하고 모두가 보는 가운데 승천합니다. 우리는 아직 이 신비한 사건을 접한 적이 없습니다.

> "하늘로부터 큰 음성이 있어 이리로 올라오라 함을 그들이 듣고 구름을 타고 하늘로 올라가니 그들의 원수들도 구경하더라"(계 11:12).

그 증거로 지진이 나서 예루살렘이 십분의 일(1/10) 정도 무너지고 7,000명이 죽었다는 기사도 못 봤습니다. 성경에 또는 역사적으로 예루살렘에 지진이 있었지만 이런 구체적인 사례를 들은 적은 없습니다.

예수님의 재림이 종말이라고 하는 것은 세상의 말이고 우리에게는 새로운 시작입니다. 그렇지만 교회와 성도들이 확실히 알도록 공개적인 입장을 취하고 있습니다.

분명한 것은 짐승의 우상이나 짐승의 표도 공개적으로 나타납니다. 이 선택이 좌우를 가리고 강제할 것이기에 먼저 불의한 법령이 세워지고 강제할 것입니다. 우리는 겨우 코로나19라는 전염병으로 잠시 혼돈에 빠져 있습니다. 앞으로 큰 지진이 이렇게 올 것이고, 기근이 이렇게 세계를 강타할 것입니다. 정신을 차려야 합니다. 재난의 시작이 열린 것입니다.

무저갱은 땅이 혼돈하고 흑암이 깊은 곳이며, 하늘에서 땅으로 쫓겨난 황폐화된 곳입니다. 그들이 맞이한 첫 세상은 그들을 더욱 비참하게 만든 곳입니다.

"땅이 혼돈하고 공허하며 흑암이 깊음 위에 있고 하나님의 영은 수면 위에 운행하시니라"(창 1:2).

하늘에서 이 땅으로 쫓겨납니다.

그들의 지위, 위치, 신분, 예우 등등이 바뀝니다. 다만 영적 능력이 잔존합니다. 그 미력한 것으로 다시 하나님의 계획에 저항하는 자, 반역하는 자로 낙인이 찍힙니다. 그 첫 세상의 모습(창 1:2)입니다.

"용이 자기가 땅으로 내쫓긴 것을 보고 남자를 낳은 여자를 박해하는지라"(계 12:13).

무저갱과 이 세상의 공간에 유령처럼 존재하는 자들이 귀신입니다. 천사의 고귀한 신분에서 아주 비천한 귀신이 되어 빌붙어 사는 기생충 같은 존재입니다.

귀신들은 무저갱이 무서워서 미친 사람에게서 나오고 자진해서 짐승 떼에 들어가 날뛰다 몰살당하게 만들고 떠납니다. 아주 형편없는 나쁜 놈들입니다.

"귀신들이 그 사람에게서 나와 돼지에게로 들어가니 그 떼가 비탈로 내리달아 호수로 들어가 몰사하거늘"(눅 8:33).

또한 온갖 미혹과 유혹으로 속이는 자입니다.
최근 드라마의 경향은 은근히 동성애의 색깔을 입히고 있습니다. 그런데 이런 소재가 재미를 더하게 만듭니다. 음녀의 길에서 문화는 이미 물들어 있습니다. 거기에 스며들어간 것들이 귀신의 역할입니다.

마귀와 귀신들을 완벽하게 제어할 때, 적그리스도와 거짓 선지자

를 지옥에 던질 때에 천사는 하늘에서 내려와 하늘의 쇠사슬로 묶어 무저갱에 넣어 하늘의 열쇠로 잠그고 아예 봉인해 버립니다. 이 완벽한 제어가 세상에는 새로운 시작이 됩니다.

그 기간이 천 년입니다. 이 천 년이야말로 청정한 세계가 됩니다. 여기에 하나님께서 만물을 새롭게 창조하셨으니 예수님의 나라는 이미 환경적으로 최고인 것입니다. 이후에 절차가 남았습니다. 무저갱에 있던 마귀와 그 나머지를 지옥으로 처벌하는 것입니다. 이미 성경은 마귀와 적그리스도와 거짓 선지자를 지옥으로 판결하고 있습니다.

"또 그들을 미혹하는 마귀가 불과 유황 못에 던져지니 거기는 그 짐승과 거짓 선지자도 있어 세세토록 밤낮 괴로움을 받으리라"(계 20:10).

모든 것의 끝에서 무저갱은 세상과 함께 소멸하고 천국과 지옥으로만 남습니다. 이것으로 무저갱은 충분한 것입니다. 하나님의 공의에 있어 마지막 지옥행에 가장 잘 어울리는 저 세상의 감옥이 무저갱입니다.

■ 댓글

귀한 글, 성도들에게 희망의 메시지입니다.
감사합니다.

영원한 복음

창세기에서 제시한 복음에는 남자, 피, 어린 양, 여자의 후손, 번제, 성막, 성전 등등이 있습니다. 그런데 간과한 것은 영토, 나라, 생명나무입니다. 여기엔 구속사와 통치사가 섞여 있습니다. 이 구별이 아쉽습니다. 단지 구속사로만 집중하고, 거기에 맞추다 보면 복음의 섬세함이 투박해집니다.

요한계시록 1장 5절을 보면 예수님에 대한 증언을 두 면에서 강조합니다.

첫째는 충성된 증인으로 죽은 자들 가운데에서 먼저 살아나신 주님이심으로, 이는 부활의 주님이시요, 구원의 주님이시고, 생명의 주님을 나타냅니다. 둘째는 땅의 임금들의 머리가 되십니다. 이는 통치의 주님이심을 보여줍니다. 이런 구조로 이해를 해야 합니다. 구원과 통치라는 완벽한 두 구조를 갖춥니다.

요한계시록 1장 5-6절을 보면 예수님에 대한 증언을 다시 두 면에서 강조합니다.

첫째로 우리를 사랑하사 자신의 피로 우리 죄에서 우리를 해방하신 주님이십니다. 둘째로 아버지 하나님을 위하여 우리를 나라와 제사장으로 삼으시고 다스리는 주님이신 것을 증거합니다. 이것은 다시금 구원과 통치라는 측면을 보충해 주고 있습니다.

복음서의 복음은 구원과 통치라는 구조로 이해해야 온전합니다. 그다음 요한계시록 1장 7절에서는 영원한 복음이라는 계시적인 관점을 제시합니다.

"볼지어다 그가 구름을 타고 오시리라 각 사람의 눈이 그를 보겠고 그를 찌른 자들도 볼 것이요 땅에 있는 모든 족속이 그로 말미암아 애곡하리니 그러하리라 아멘"(계 1:7).

영원한 복음은 구원과 통치라는 바탕에서 개인의 행위에 따른 결과로써 하나님의 공의를 나타냅니다. 이는 상벌에 대한 엄격한 적용이 있을 것을 암시합니다.

"보라 내가 속히 오리니 내가 줄 상이 내게 있어 각 사람에게 그가 행한 대로 갚아 주리라 나는 알파와 오메가요 처음과 마지막이요 시작과 마침이라"(계 22:13).

어떻습니까? 우리의 믿음이 구원에만 머물면 안 됩니다. 구원의 큰 확신 속에 큰 상급에 대한 관심을 가져야 합니다. 이것이 마지막 시대의 비전입니다. 이는 그리스도 도(道)의 초보를 넘어 성숙한 크리스천이 되는 것이고, 능력의 크리스천이 되는 것입니다. 그렇다면 무엇이 보입니까?

세 천사가 전하는 영원한 복음(계 14:6)을 통해 알게 됩니다.

첫째로 이 복음은 모든 민족과 종족과 방언과 백성에게 전할 메시지입니다. 그것은 하나님의 심판의 시간이 되었다는 것(계 14:7)입니다.

둘째로 이 복음은 큰 성 바벨론이 무너졌다는 사실을 증거합니다. 모든 나라를 그의 음행으로 더럽혀서 진노의 포도주를 먹이던 자, 일곱째 역사에 해당하는 세상 나라가 멸망하는 것(계 14:8)이 복음입니다.

셋째로 아주 선명하게 강조하는 부분이 짐승의 우상(image)과 짐승의 표식(mark)을 이마와 오른손에 받으면 불 유황, 그 지옥으로 보내겠다는 선포가 복음입니다.

위의 세 내용을 보더라도 구원으로 시작하지만 역사의 절차가 있고, 적그리스도의 출현이 있다는 것을 알 수 있습니다. 의에 대한 선

택과 결단이 필요하다는 사실도 가볍게 취급해서는 안 됩니다. 더 중요한 것은 여섯째 역사 안으로 다가온 이스라엘에 있습니다. 그들과 전진하고 전개되는 역사가 있습니다.

이 완벽한 이스라엘이 구성(영토+백성+주권 = 이스라엘+예루살렘+성전)되면 지정된 1,260일은 우리 앞에 다가올 것입니다.

영원한 복음은 구원의 복음, 상벌의 복음, 통치의 복음, 천 년의 복음, 소멸의 복음, 세상에 대한 완성의 복음이 모두 포함되어 있습니다. 당연히 천국과 지옥으로 끝납니다. 그래서 영원까지입니다.

성경에 대한 구속사적인 관점은 매우 중요합니다. 그러나 그 기초는 너무나 오랫동안 거기서 멈추었습니다. 이제는 영원한 복음에 마음을 열어야 합니다. 그래야 하나님의 계획과 뜻이, 하나님의 마음과 그 깊이인 하나님의 소원까지 헤아리게 됩니다. 더 성장하기를 멈춰서는 안 됩니다.

■ 댓글

아주 귀한 글입니다.
구원의 복음에만 머물지 말고 영원한 복음으로, 구원과 통치의 개념이 와 닿네요.

천사

천사의 숫자가 많습니다.

천천만만이라고 부르기도 합니다. 마병대의 수는 이만만이라고 말합니다. 이 부분에 대하여 세상의 연합군대라고 하고, 핵전쟁이 있을 것이라고 말합니다. 그러나 이 시점은 지정된 재앙의 단계이기에 일방적으로 당하는 것입니다. 그래서 다윗의 시편은 애굽 시대의 재앙을 평가하여 천사들의 개입을 말하고 그들을 재앙의 천사들이라고 부릅니다.

"그의 맹렬한 노여움과 진노와 분노와 고난 곧 재앙의 천사들을 그들에게 내려 보내셨으며 그는 진노로 길을 닦으사 그들의 목숨이 죽음을 면하지 못하게 하시고 그들의 생명을 전염병에 붙이셨으며"(시 78:49-50).

위에서 재앙의 천사들과 전염병을 수단으로 죽이셨다는 기록을 보게 됩니다. 지금의 전염병은 재난의 시작에 포함되고 지정된 재앙의 범주에 해당하지 않습니다.

마지막 시대에 재앙의 범주는 지금껏 상상한 그 이상의 엄청난 재앙입니다. 핵무기는 필요치 않습니다. 재앙 속에 녹아 버릴 것입니다. 재앙의 주관은 철저하게 천사들이 맡아서 진행합니다. 그래서 이 시점에 공개적으로 교회와 성도에 대한 완벽한 보호가 있는 것입니다.

우선 말들과 탄 자는 천사들의 모습을 보여줍니다.
예수님과 천사들을 백마를 탄 자와 하늘에 있는 군대들이 백마를 타고 뒤따르는 모습으로 기록하기도 합니다(계 19:14). 스가랴 선지자는 자신이 본 네 병거와 말들에 대하여 질문합니다. 천사에게 묻습니다. 이것들이 무엇입니까?

> "천사가 대답하여 이르되 이는 하늘의 네 바람인데 온 세상
> 의 주 앞에 서 있다가 나가는 것이라 하더라"(슥 6:5).

주 앞에 서 있다가 명령대로 온 세상에 나가서 행하는 역동적인 사역이 천사들의 사역이라는 뜻입니다. 재난은 공개적인 것이 아니기에 항상 주의해야 합니다. 지금 코로나19는 재난의 범주에 속한 것이기에 삼가 방역과 주의에 힘써야 합니다.

마지막 시대에 천사들이 할 사역은 만왕의 왕을 따라서 아마겟돈에 집결한 악한 세력들을 멸하는 데 앞장서는 것입니다. 불과 연기와 유황으로 그들을 징벌하는 것입니다. 이것은 핵무기가 아닙니다. 천사들의 재앙에 있는 능력입니다. 마지막 시대에 있어 인류의 삼분의 일은 이렇게 멸망합니다.

"이 세 재앙 곧 자기들의 입에서 나오는 불과 연기와 유황으로 말마암아 사람 삼분의 일이 죽임을 당하니라"(계 9:18).

천사들의 정확한 숫자는 신비합니다.
그 숫자가 참으로 많습니다. 옛적에 천사들이 타락합니다. 미가엘과 그의 천사들이 마귀와 그의 천사들과 대립하고 전쟁하다가 마귀 쪽이 패하자 하늘에서 쫓겨납니다.

그런데 마귀는 하늘의 별 삼분의 일(계 12:4)을 끌어다가 땅에 던집니다. 이것이 그 타락한 천사들의 숫자입니다. 전체 천사 중에서 삼분의 일입니다. 그들이 마귀와 귀신들입니다. 그들의 타락에 대해 유다서는 잘 설명합니다.

"또 자기 지위를 지키지 아니하고 자기 처소를 떠난 천사들을 큰 날의 심판까지 영원한 결박으로 흑암에 가두셨으며"
(유 1:6).

자기 지위와 자기 처소는 미가엘 천사장과 견줄 지위입니다. 이

얼마나 영화로운 지위와 직위입니까? 그런데 타락합니다. 이 세상에서도 끝없이 추락합니다. 하나님의 계획은 흙(dust)인 사람으로 하여금 이 지위에 오르게 하고 그의 영광에 이르게 하고자 인류의 역사를 전개하십니다.

인생 중에서 가장 고귀한 신분, 세마포 옷을 입은 신부인 성도로 세우시는 것입니다. 이는 아주 약한 것으로 강한 것을 부끄럽게 만드시는 하나님의 방식입니다. 사도 바울이 말한 바와 같이 참으로 신비한 방식입니다.

"형제들아 너희가 스스로 지혜 있다 하면서 이 신비를 너희가 모르기를 내가 원하지 아니하노니 이 신비는 이방인의 충만한 수가 들어오기까지 이스라엘의 더러는 우둔하게 된 것이라"(롬 11:25).

위의 말씀이 하나님의 방식이지 이스라엘과 마귀의 결과는 전혀 다릅니다. 아끼는 것과 버리는 것의 차이입니다. 이스라엘은 아끼시고, 마귀는 버립니다.

마귀가 아닌 선한 천사는 어떻게 하면 이 땅에서 완성을 이룰까요? 첫째 부활자들이 예수님의 나라에서 천 년의 행복을 누릴 때에 비로소 완성됩니다. 주께서 재림하실 때에 천사들이 신납니다. 예수님께서 능력과 큰 영광으로 구름을 타고 공중으로 오실 것입니다.

"그가 큰 나팔소리와 함께 천사들을 보내리니 그들이 그의 택하신 자들을 하늘 이 끝에서 저 끝까지 사방에서 모으리라"(마 24:31).

천사들이 첫째 부활자에 속한 모든 성도들을 공중으로 데리고 오면 예수님과 축제, 어린 양의 혼인 잔치를 치릅니다. 그러면 일생에 처음으로 공중에서 하나님의 창조의 광경을 목격하게 됩니다. 지금은 실감이 나지 않겠지만 그때의 성도들은 영적으로 꽉 찬 감동을 받을 것입니다. 그러고 나면 영화롭고 아름답게 단장된 예수님의 나라로 와서 함께 보내는 것이 천사들의 소망인데, 거기에 우리가 있습니다. 할렐루야입니다.

"모든 천사들은 섬기는 영으로서 구원 받을 상속자들을 위하여 섬기라고 보내심이 아니냐"(히 1:14).

이런 은혜를 깨닫지 못하고 끝까지 타락 편에 선 마귀와 귀신들을 영벌인 지옥으로 던지는 것입니다. 그러면 모든 것이 끝납니다. 이는 곧 새로운 시작입니다. 천국과 지옥이 열리니 영원입니다.

왜, 처음부터 타락한 천사들을 지옥에 보내지 않았을까요? 여기에 하나님의 계획이 있고, 뜻이 있고, 마음이 있으며, 소원이 담겨 있습니다. 이것을 깨닫는 것입니다. 예수님과 함께 예수님의 나라에서 천 년의 삶이 있다는 믿음에 이 모든 뜻을 담는 것입니다.

모든 인생들이 다 회개하고 주님을 영접하지는 않습니다. 또한 마귀와 귀신들이 이 세상에서 추방되지 아니하면 인생사, 세계사는 의를 이룰 수 없습니다. 그런데도 인간은 이 세상에서 하나님이 아니어도 뭔가를 이룰 수 있다는 착각으로 오히려 주님을 배격하고 바벨을 쌓고 있습니다. 천사들은 인생들이 쌓은 바벨탑을 완전히 무너뜨릴 것입니다. 그리고 예수님의 나라를 섬길 것입니다. 이것이 천사들이 땅에서 이룰 멋진 사역입니다. 이 말씀을 우리가 믿음으로 형용하기 어렵지만 행복감이 몰려옵니다.

예표

창세기는 이 땅에서 이룰 것이 무엇인지 가르쳐줍니다.

그중에서 에덴은 세 부분을 지목하고 있으니 우선 세 개의 항목에 집중해 봅니다. 첫째는 나무이고, 둘째는 천사이며, 셋째는 땅입니다.

> "이같이 하나님이 그 사람을 쫓아내시고 에덴동산 동쪽에 그룹들과 두루 도는 불 칼을 두어 생명나무의 길을 지키게 하시니라"(창 3:24).

위의 세 항목이 아브라함 때부터 잘 드러납니다.

아브라함은 가나안에서 나그네로 살면서 때로는 에셀 나무를 심습니다. 나무를 심은 이유야 서로의 약속이겠지만 비유적으로 그 비밀은 에덴을 향합니다. 그것은 에덴을 향하게 하는 증거이자 예표입니다.

"아브라함은 브엘세바에 에셀 나무를 심고 거기서 영원하신 여호와의 이름을 불렀으며 그가 블레셋 사람의 땅에서 여러 날을 지냈더라"(창 21:33-34).

그는 천사들을 만나서 하나님의 계획을 듣습니다. 아브라함은 선지자라는 사실을 기록합니다. 그렇다면 선지자를 통하여 다시 듣게 되고, 보게 되며 발견하는 것이 무엇입니까? 이것은 오늘날 이스라엘의 목표이며, 교회의 비전이 되는 것입니다.

"여호와께서 이르시되 내가 하려는 것을 아브라함에게 숨기겠느냐"(창 18:17).

50-45-40-30-20-10-〈 1 〉

창세기 18장 16절부터 33절까지 소돔과 고모라를 향한 하나님의 계획을 듣고 아브라함이 의인이 오십 명 있으면 멸하실지 묻습니다. 하나님께서 그러면 멸하지 않으시겠다고 말씀하시자 그 수를 줄여가며 계속 기도하였습니다. 그러나 결국 의인이 열 명도 되지 않아 멸망을 당합니다. 이 숫자에는 의인은 한 명도 없다는 로마서의 말씀과 일치하는 아브라함의 깨달음이 있습니다. "나도 죄인입니다." 이는 구속사의 관점에서 최고의 발견입니다.

저의 지인이신 이은원 목사님의 강의는 구속사의 관점으로 보는데 아주 탁월합니다.

이처럼 아브라함은 하나님과 대화의 주제인 의인의 숫자에서 자신을 봅니다. 이것이 구속사의 관점에서 예수님을 만나고, 통치사의 관점에서 예수님의 나라를 보는 것입니다. 이처럼 나그네의 삶에서 발견하고, 늘 밟던 가나안 땅에서 그 보화를 발견한 것입니다. 이는 각 시대에 각인에게 주어진 과제입니다. 우리도 반드시 찾아야 합니다. 이 계시를 따라 발견했으리라 생각됩니다.

예수님께서 지신 십자가의 완성은 천사들의 사역에 힘을 실어 줍니다. 왜냐하면 다섯째 나라, 로마 제국은 예수님의 공생애와 죽음, 부활, 승천을 통하여 자신의 나라와 세상 나라가 무엇이 다른지 알기를 원하십니다.

"너희로 내 나라에 있어 내 상에서 먹고 마시며 또는 보좌에 앉아 이스라엘 열두 지파를 다스리게 하려 하노라"(눅 22:30).

내 나라는 하나님의 나라입니다.
더 구체적으로는 예수님의 나라입니다. 이는 마음에만 머물지 않습니다. 비유적으로만 머물지 않습니다. 역사적으로 이루실 세계입니다. 그것이 허락될 유일한 기회가 다가옵니다. 이는 생명나무의 열매를 얻을 절호의 기회입니다.

"여호와 하나님이 이르시되 보라 이 사람이 선악을 아는 일에 우리 중 하나같이 되었으니 그가 그의 손을 들어 생명나무 열매도 따 먹고 영생할까 하노라 하시고"(창 3:22).

구원을 이루신 주께서 공개적으로 생명나무의 길을 여시고, 에덴을 새롭게 하시어 그의 나라로 이루십니다. 미가엘 천사장은 다니엘서에 기록된 대로 넷째 나라까지 뜻을 이루고 멈추고 있었지만 본격적으로 예수님의 나라를 위한 사역에 매진하게 됩니다.

"일곱째 천사가 나팔을 불매 하늘에 큰 음성들이 나서 이르되 세상 나라가 우리 주와 그의 그리스도가 되어 그가 세세토록 왕 노릇 하시리로다 하니"(계 11:15).

하나님의 군대 대장은 가나안에 입성하려는 여호수아에게 거룩한 땅에 대한 기억을 되새겨줍니다. 이스라엘 백성은 여리고 성을 무너뜨리고 입성하게 됩니다. 이것을 주도한 천사들의 군대 대장은 누구입니까? 당연히 미가엘 천사장, 군주입니다. 미가엘 천사는 그곳이 왜 거룩한지를 잘 알고 있습니다. 그곳은 예수님의 나라를 예표하고 있기 때문입니다.

"여호와의 군대 대장이 여호수아에게 이르되 네 발에서 신을 벗으라 네가 선 곳은 거룩하니라 하니 여호수아가 그대로 행하니라"(수 5:15).

다섯째 나라로 오신 예수님의 초림은 구원을 이루셨습니다. 마귀는 무저갱으로 도망칩니다. 예수님은 사망과 음부의 열쇠를 취하십니다. 다윗의 열쇠를 가지십니다.

마침내 하나님의 때가 오면 예수님은 재림하십니다. 예수님의 재림에 대한 준비가 끝날 즈음에 천사장은 하늘에 맹세하며 속히 이루겠다는 선언(계 10:6)을 합니다. 천사의 대표는 무엇을 이루려고 할까요?

"일곱째 천사가 소리 내는 날 그의 나팔을 불려고 할 때에 하나님이 그의 종 선지자들에게 전하신 복음과 같이 하나님의 그 비밀이 이루어지리라 하더라"(계 10:7).

무저갱으로 도망친 우두머리 마귀와 그 분신인 귀신들과 이런 더러운 영에 미혹된 가라지들, 적그리스도와 거짓 선지자 그리고 그들에게 연합한 나라들과 이마와 오른손에 그들의 표를 받은 자들을 뽑아 불살라버리는 것입니다.

그러므로 그 결과로 에덴의 땅은 예수 그리스도의 나라가 됩니다. 에덴의 생명나무는 예수 그리스도의 나라에서 천 년의 생명을 줍니다.

마침내 천사들은 에덴이라는 예수 그리스도의 천 년의 나라에서 상속자인 성도들을 섬기는 기쁨을 노래합니다.

"천사가 내게 말하기를 기록하라 어린 양의 혼인 잔치에 청함을 받은 자들은 복이 있도다 하고 또 내게 말하되 이것은 하나님의 참되신 말씀이라 하기로"(계 19:9).

어린 양의 혼인 잔치와 예수님의 나라에 입성하여 그 안에서 천 년의 행복을 누리게 되니 우리의 잔이 넘치는 것입니다. 이 기간으로 끝은 아닙니다. 아직 남은 것이 있습니다. 그것은 마귀와 귀신들이 무저갱에 천 년 동안 감금, 결박, 봉인된 채로 있는 것입니다. 아직 형벌이 유예된 곡과 마곡의 불신자들이 성 밖에 있는 것입니다.

세상은 천 년 동안 예수님의 나라가 됩니다. 이것이 끝나야 남은 것에 대한 처리를 하십니다. 그때에 비로소 하나님의 심판대가 열리고 판결을 합니다. 예수 천국이요, 불신 지옥입니다. 그러면 세상은 더 이상 의미가 없어 소멸합니다.

> "또 내가 크고 흰 보좌와 그 위에 앉으신 이를 보니 땅과 하늘이 그 앞에서 피하여 간 데 없더라"(계 20:11).

예표는 각 시대에 개인이 행복한 보물찾기를 하는 것입니다. 그 텍스트는 당연히 하나님의 말씀인 성경입니다. 오늘 우리에게 있는 하나님의 말씀입니다. 그중에서 보물을 찾느라 애쓰는 예쁜 아이에게 슬쩍 가르쳐 주는 선생님의 손길, 그것이 계시입니다. 요한계시록, 그래서 사랑의 사도라는 요한의 뜨거운 마음이 다가옵니다.

■ 댓글

귀한 주제의 글, 감사합니다. 수고하셨습니다.

예수님의 나라⑶

"일곱째 천사가 나팔을 불매 하늘에 큰 음성들이 나서 이르되 세상 나라가 우리 주와 그의 그리스도의 나라가 되어 그가 세세토록 왕 노릇 하시리로다 하니"(계 11:15).

두 번째로 지정된 1,260일 안에서 여섯 번째 나팔을 불었습니다. 그 결과로 세상은 멸망하기 일보 직전에 놓여 있습니다. 그 마지막 일곱째 나팔을 붑니다. 여기에 다시 일곱 번의 대접 재앙이 담겨 있습니다. 이 대접에 담긴 재앙을 말하기 전에 재앙이 끝나면 무엇이 이뤄지는지를 선명하게 가르쳐 줍니다.

1,260일의 재앙에서 무슨 일이 일어났습니까? 또한 이 재앙의 끝에는 무엇이 이뤄집니까? 이 질문을 품고 묵상하기를 바랍니다.

첫째는 예수님의 재림이 있습니다. 만왕의 왕으로 천군을 대동하고 전쟁에 친정하십니다. 철장의 권세로 적그리스도의 세상 나라를 멸망시킵니다. 이는 1,260일이 끝나는 시점에서 일어납니다. 정확하게는 여섯 번째 대접 재앙의 때에 오십니다. 이는 아마겟돈의 전쟁이라고 말합니다. 그러면 하나님의 긍휼과 은혜로 성도들이 이 시기에 휴거하고, 낙원에서 첫째 부활자의 혜택을 입어 공중으로 모일 것입니다.

둘째는 1,260일의 대재앙이 있습니다. 우주와 지구의 바다와 육지와 강과 물 샘까지 오염되고 파괴되고, 인류 삼분의 일이 이 재앙에 죽습니다. 그들은 이마와 오른손에 짐승의 표식을 받은 자들이고, 짐승의 우상을 숭배한 자들입니다. 그들은 적그리스도와 거짓 선지자를 위시하여 그와 연합한 나라들과 불신자들입니다.

셋째는 남은 것들이 있습니다. 그들은 불신자들이고, 동물들이고, 자연입니다. 세상이라는 우주와 지구는 없어진 것이 아닙니다. 다만 폐허가 되었다는 것입니다. 우리는 예수님과 함께 이 광경을 목격합니다. 큰 환난으로 교회와 성도를 핍박한 저들에 대한 원한을 갚아주시는 현장을 봅니다. 예수님과 천사들과 첫째 부활자들이 공중에 있습니다.

그러면 어떻게 해야 합니까? 세상 나라는 이렇게 처참하게 멸망하고 그 폐허 위에 지구는 재건할 여력이 없습니다. 세상 나라가 예수님의 나라가 돼야 합니다. 어떻게 해야 합니까? 이때에 창조주 하나님의 계획은 다시 새롭게 하시는 것입니다. 옛 에덴을 드러내고 그 위에 하늘에서 준비된 새 예루살렘 성을 내려주십니다. 창조주 하나님의 창조 선언이 있습니다. 할렐루야!

너무나 황홀하고 멋진 광경이 펼쳐집니다. 세상 어디서 이런 황홀한 광경을 관람하겠습니까? 모든 것을 새롭게 하시는 하나님의 창조가 펼쳐집니다.

> "보좌에 앉으신 이가 이르시되 보라 내가 만물을 새롭게 하노라 하시고 또 이르시되 이 말은 신실하고 참되니 기록하라 하시고 또 내게 말씀하시되 이루었도다 나는 알파와 오메가요 처음과 마지막이라 내가 생명수 샘물을 목마른 자에게 값없이 주리니 이기는 자는 이것들을 상속으로 받으리라 나는 그의 하나님이 되고 그는 내 아들이 되리라"(계 21:5-7).

세상에서 가장 아름다운 곳이 어디입니까? 에덴입니다.

그곳을 예수님의 나라로 세워주시고, 새 예루살렘 성으로 만들어 거기에 두십니다. 사방 열두 개의 문에 각 진주 문을 통과하여 황금 길을 거닐게 됩니다. 길가에 생명수 강이 흐릅니다. 달마다 열두 열매를 맺습니다. 다윗은 시편을 통하여 이곳을 이렇게 상상합니다.

> "내게 줄로 재어 준 구역은 아름다운 곳에 있음이여 나의 기업이 실로 아름답도다"(시 16:6).

그렇습니다. 바로 예수님의 나라입니다. 우리 예수님과 함께 천년을 살 행복의 나라입니다.

"그 열두 문은 열두 진주니 각 문마다 한 개의 진주로 되어 있고 성의 길은 맑은 유리 같은 정금이더라 성 안에서 내가 성전을 보지 못하였으니 이는 주 하나님 곧 전능하신 이와 및 어린 양이 그 성전이심이라 그 성은 해나 달의 비침이 쓸 데 없으니 이는 하나님의 영광이 비치고 어린 양이 그 등불이 되심이라"(계 21:21-23).

우리는 예수님의 재림을 기대합니다. 그런데 예수님이 오시면 천국으로 데리고 가시는 것이 아니라 먼저 천 년의 행복을 허락하시고 그 후에 천국에 간다는 사실을 모릅니다. 예수님의 나라는 반드시 땅에서 이룰 하나님의 소원이시기도 합니다. 이는 우리의 소원이고, 모든 피조물들의 소원이기도 합니다.

예수님과 교회로 인하여 세상이 밝아집니다. 세상이 행복해집니다.

요한계시록 22장 5절에서 "세세토록"이라는 영원성은 예수님의 영원성을 말씀합니다. 창조주 하나님께서 하시는 말씀에 항상 영원성을 두고 말씀하시는 것은 옳은 것입니다. 다만 만물과 인생에 대하여 말씀하실 때에 세상과 역사로 한정지은 것은 이 땅에서 이루고자 하시는 것입니다. 여기에 천 년이란 우리의 입장에서 확실한 메시지인 것입니다. 어떻게 보면 천 년이든 영원이든 하나님 편에서는 다 들어가 있기 때문입니다. 그러나 우리의 역사의식에서는 천 년만큼 확실한 보장은 없는 것입니다. 그 안에 믿음이 영원한 것이기도 합니다.

이처럼 영원과 세상이 겹칠 때에는 우리의 입장에서 보는 것이 옳은 것입니다. 천 년이 확실하게 역사적으로 매듭을 짓는 숫자인 것입니다. '세세토록'이란 세상이 영원하다는 것이 절대로 아닙니다. 거기서 예수님이 영원토록 다스리신다는 것은 심각한 오류를 범하는 것입니다. 정리하면 실제는 천 년의 역사를 다스린다는 것이고, 의미는 영원하다는 뜻입니다.

음녀

음녀의 끝은 적그리스도 제국에서 끝납니다.

음녀의 본격적인 역할은 일곱 역사의 방향에서 시작합니다. 그 이전에도 있었지만 방향이 지정된 일곱 역사 안에서 일어난 일들과 일어날 일들이기에 그 안에서 정리해 봅니다.

혹자는 음녀가 교황이라고 말하기도 하고, 각 제국사의 여신이라고도 말합니다. 이런 지목이 정확하지는 않지만 이 범주에 속하기는 합니다. 음녀의 정의를 먼저 읽어봅니다.

> "그의 이마에 이름이 기록되었으니 비밀이라, 큰 바벨론이라, 땅의 음녀들과 가증한 것들의 어미라 하였더라"(계 17:5).

어미란 무엇입니까?

더러운 것들의 어미, 가증한 것들의 어미, 땅의 음녀들의 어미입니다. 결국은 큰 성 바벨론, 적그리스도의 제국으로 직결됩니다.

성경에서 늘 주의해야 할 대상은 우상이고, 귀신에 의한 영향으로 더러운 행위, 음행을 전부 포함하며 개인과 단체와 종족과 민족과 나라에 퍼져 있기에 항상 경계해야 합니다. 이미 정착된 형태이기에 일일이 거론하기 어려울 정도로 일상적입니다.

여기에 힌두교, 회교, 불교, 무교 등등을 전부 굴복시키는 우상이 장차 등장할 것입니다. 세상에 만연한 모든 종교적인 것들을 하나로 엮으면 음녀의 역할은 더 이상 필요치 않습니다. 오히려 걸림돌이 될 뿐입니다.

"그가 권세를 받아 그 짐승의 우상에게 생기를 주어 그 짐승의 우상으로 말하게 하고 또 짐승의 우상에게 경배하지 아니하는 자는 몇이든지 다 죽이게 하더라"(계 13:15).

오직 교회만이 짐승의 우상과 짐승의 표에 저항하고 거부하기에 핍박을 받는 것입니다. 이것이 큰 환난의 원인이기도 합니다. 교회의 입장에서는 짐승의 우상이야말로 음녀 중에 음녀로서 옛 뱀이 작은 뱀을 삼켜버린 격입니다.
거짓 선지자와 음녀는 어떤 관계입니까?

오히려 교황은 거짓 선지자일 가능성이 큽니다.

그 이유는 어린 양의 탈을 쓴 자이기에 그렇습니다. 어린 양은 기독교의 가치입니다. 기독교 바탕에서 나옵니다. 음녀는 어느 구석에서나 저 민초에서도 자리하고 있습니다.

그는 두 뿔을 가진 자입니다.
기독교 바탕에 자리한 것은 천주교, 회교, 유대교입니다. 거기에 추가한 것이 국가권력입니다. 종교와 권력이 하나인 곳입니다. 현실적으로 종교와 권력이 어떻게 움직이는지 살피는 지혜가 필요합니다.

이 바탕에서 하늘을 비방하는 자들입니다.
전형적인 마귀와 적그리스도 편에 선 불법의 비밀이고, 불법을 행하는 자들입니다. 그 첫 단계로 모든 헌법을 고치려고 할 것입니다. 불의한 법령을 만들어 백성의 권리를 해치는 것입니다.

음녀의 비밀을 보면 두 가지입니다.
첫째는 과거는 있고 지금은 없으나 장차 있다가 멸망할 자를 소개합니다. 이 세 번의 과거, 현재, 미래는 일곱 역사에서 마귀의 상황과 그 거처를 말해줍니다. 음녀의 역할은 곧 마귀의 상태를 상기시킵니다.

둘째는 다섯은 없고 하나는 있고 다른 하나는 장차 있다가 멸망할 것으로 비밀을 드러냅니다. 이것은 제국과 이스라엘의 관계에서 푸는데 다섯은 바벨론, 메대, 바사, 헬라, 로마이고, 하나는 21세기이고, 남은 하나는 적그리스도입니다.

음녀의 역할은 곧 일곱 역사 또는 일곱 제국사를 상기시킵니다. 이처럼 정치, 경제, 문화, 종교, 과학에도 음녀의 역할이 있습니다. 하다 멈출 때는 적그리스도와 거짓 선지자의 길에서 멈춥니다(stop). 그녀는 더 이상 필요가 없게 됩니다. 그러나 거짓 선지자는 마지막까지 아마겟돈 전쟁까지 일으키다 멸망합니다.

음녀가 여신일까요? 교황일까요? 아니면 모든 것을 포함할까요?
그 중요한 판단은 역사적으로 성도의 피를 흘리는 데 주도했던 세력들로 나타납니다.

"또 내가 보매 이 여자가 성도들의 피와 예수의 증인들의 피에 취한지라 내가 그 여자를 보고 놀랍게 여기고 크게 놀랍게 여기니"(계 17:6).

이 일등공신을 한순간에 없애버립니다. 왜냐하면 열 뿔과 적그리스도의 제국에 장애가 되기 때문입니다. 그래서 음녀의 짓을 멈추게 하고 불살라 버립니다. 이것이 음녀의 마지막입니다. 그녀의 흔적을 지워버리고 거기에 자신들의 천하를 세웁니다. 그 중심에 듣지도 보지도 못한, 그렇지만 세상이 열광하는 짐승의 우상체를 세웁니다.

"네가 본 바 이 열 뿔과 짐승은 음녀를 미워하여 망하게 하고 벌거벗게 하고 그의 살을 먹고 불로 아주 사르리라"(계 17:16).

정리하면 음녀는 복음의 길을 막는 자요, 귀신의 길에 복종하는 자요, 더럽고 가증한 것들에 빠지게 하는 자요, 그 배경이요, 사상이요, 미신이요, 거짓이요, 우상이요, 헛것이요, 세상입니다. 그렇다면 여신도 있을 수 있고, 교황도 있을 수 있습니다. 오히려 그들이 자행하는 모든 악한 것들을 의미합니다.

■ 댓글

귀한 깨우침의 글입니다.

영적 분별력을 갖추고 잘 살펴야지요. 수고하셨습니다.

큰 성 바벨론

마지막 시대, 그 일곱째 역사의 무대는 적그리스도 제국입니다. 그는 거짓 선지자에 의해서 등장합니다. 혹자는 다니엘서의 기록 중 북방 왕과 남방 왕의 대립을 미국과 러시아로 적용하여, 핵전쟁으로 패권자가 된 나라가 적그리스도가 되고 그 후에 멸망할 것이라고 말합니다.

참으로 신중해야 합니다. 북방 왕과 남방 왕이란 숫양과 숫염소의 대립에서 발생한 바사와 패권을 다툰 헬라 제국을 말합니다. 그 중에서 넷째 제국인 헬라 제국에서 일어날 일들에 대한 예언입니다. 다니엘서는 여기까지 집중합니다.

여섯째 역사에서 일곱째 역사로 넘어가는 시점에서 벌어질 일들은 재난의 시작이라는 예수님께서 말씀하신 기준이 있습니다. 누가복음에서 그 구체적인 적용이 전염병, 기근, 큰 지진으로 팬데믹 현상이 될 것을 요한계시록에서 일곱 인의 네 번째 비밀로 밝혀 줍니다.

"곳곳에 큰 지진과 기근과 전염병이 있겠고 또 무서운 일과 하늘로부터 큰 징조들이 있으리라"(눅 21:11).

여기서 무서운 일과 큰 징조들은 일곱 나팔 재앙을 말합니다. 복음서에서 민족이 민족을, 나라가 나라를 대적한다는 것은 크고 작은 전쟁들로, 큰 지진과 기근과 전염병과는 다릅니다. 요한계시록이 주목하는 것은 사분의 일 영역에서의 재난에 있습니다.

여섯째 제국사는 글로벌 재난에 집중하고 있습니다. 재난의 시작을 정확하게 구분 짓는데 사분의 일의 범위로 제시하고 있습니다. 이것이 팬데믹 현상입니다.

"내가 보매 청황색 말이 나오는데 그 탄 자의 이름은 사망이니 음부가 그 뒤를 따르더라 그들이 땅 사분의 일의 권세를 얻어 검과 흉년과 사망과 땅의 짐승들로써 죽이더라"(계 6:8).

코로나19는 3년차로 세상을 힘들게 하고 있습니다.
이후에 큰 지진이 일어나고, 기근이 강타할 것입니다. 이것이 재난의 시작입니다. 그러나 성경이 지정한 재앙은 아닙니다. 핵무기는 가공할 위력이 있습니다. 러시아와 미국이 이것을 사용할까요? 그럴

수도 있을 것입니다.

그러나 마지막 시대에 이것을 쓸 수 있는 시점은 희미하다고 볼 수 있습니다. 정확하게 지정된 재앙들 가운데 떨어지면 다 없어집니다. 혹시나 남았다면 아마겟돈 전쟁에서 다 없어질 것입니다.

아마겟돈 전쟁으로 집결되기 전에라도 그 많은 재앙들로 인하여 핵무기는 모두 파괴될 것입니다. 천사들의 위력이 불과 연기와 유황으로 더 강력합니다.

"이 세 재앙 곧 자기들의 입에서 나오는 불과 유황으로 말미암아 사람 삼분의 일이 죽임을 당하니라"(계 9:18).

아마겟돈 전쟁이란 예수님의 재림에 맞서는 세상 나라의 저항입니다. 그러나 멸망만 가져옵니다. 세상의 무기는 재난에서는 모르지만 재앙에서는 파워가 없습니다. 큰 지진 가운데 들어가면 녹아버립니다. 하늘의 능력이 세상의 물질에 덮이지 않습니다.

여섯째 나팔 재앙은 예고입니다.
마지막 여섯째 대접 재앙에서 실행되는 재앙으로 예수님의 재림에 맞서 적그리스도와 거짓 선지자와 및 그들과 연합한 나라들과 이마와 오른손에 짐승의 표를 받은 모든 자들이 합세한 전쟁입니다.

그러나 이 전쟁에는 미가엘 천사장과 그의 군대들이 예수님을 따

라서 참전하여 일거에 인류 삼분의 일에 해당하는 세력들을 멸망시키는 것입니다.

요엘서의 불과 연기와 유황이란 핵무기를 말하는 것이 아닙니다.
이것을 이적이라고 말합니다. 천사들의 이적인 것입니다. 이는 천사들이 주관하는 재앙을 가리킵니다. 그대로 요한계시록에 인용된 것입니다.

여섯째 나라의 방향에서 역사는 다시 이스라엘로 돌아갑니다.
모든 영역이 이스라엘로 집결됩니다. 우선 종교가 앞장설 것입니다. 서서히 경제, 금융, 무역, 정치, 유행이 그리로 집결할 것입니다. 세상이 하나가 되는 시점은 두 선지자가 출현할 때부터입니다. 그러므로 영적인 면이 강력하지, 전쟁으로 세워지는 제국이 아닙니다.

전쟁을 통하여 일곱째 나라가 세워지지 않습니다.
자연스럽게 법으로 규정되고 그 위에 세워지며 거짓 선지자의 선동이 주효할 것입니다.

솔로몬 시대는 열 왕의 통로였습니다.
다시 마지막 시대에 있어 여섯째 나라는 이스라엘이 움직일 것입니다. 미국과 러시아는 그 힘이 미약해집니다. 앞으로 파워는 종교와 금융입니다. 이스라엘의 입지는 점점 확대될 것이고, 마침내 열 왕의 통로가 되어 모일 것입니다. 세상은 그렇게 움직일 것입니다.

제3성전이 세워지는 것은 그 시작입니다. 여론이 모아진다는 것은 신호인 것입니다. 천주교와 유대교와 회교가 움직이고 있습니다. 전체 종교의 이해와 하나 됨은 세상의 큰 흐름입니다. 이 큰 성, 바벨론을 열고자 세상은 긴박하게 움직이고 있습니다.

큰 성 바벨론이자 적그리스도 최후의 제국은 다가오고 있습니다. 회교는 자신들의 성지로 황금돔 사원을 고집하겠지만 세계종교 통합의 기류에 휩쓸릴 것입니다. 21세기 이스라엘의 모습은 어떻습니까. 2018년 5월 14일 독립 70주년에 예루살렘이 이스라엘의 수도로 선언되고, 2020년 8월 13일 아브라함 협정으로 이슬람과의 연대를 모색하고, 제3성전 건립을 위한 정치적 행보를 공개적으로 전개하고 있습니다. 또 현재 경제에서 보면 요단강의 기적은 한강의 기적을 넘고 있습니다.

24장로

 일곱 주제 외에 첨부하여 더 많은 주제를 다루고 있습니다. 이 모든 주제들이, 땅에서 어떻게 하면 완성되는지를 항상 염두에 두고 읽어야 함이 옳다고 생각합니다.

 오늘의 주제는 요한계시록의 말씀이 아니면 과연 어디서 장로님의 직분이 이토록 아름답고 깊으며 영화로운지 알 수 있을까 하는 생각이 듭니다. 그것도 24명의 장로들이 천국에 있고, 스랍 천사들과 함께, 만만 천천의 천사들과 함께 있습니다. 이처럼 가슴을 설레게 하는 영화로운 직분이 장로입니다.

 이 요한계시록의 말씀을 자랑하고 사모해야 할 주인공은 누구입니까? 그들은 천국에서 창조주 하나님과 만왕의 왕이신 어린 양 예수님을 경배하고 있습니다. 이보다 더 큰 자긍심이 어디에 있겠습니까? 이것이 보이지 않으면 현실만 가득 채우게 됩니다. 야고보서는 말세임에도 재물만 쌓고자 하는 인생들의 어리석음을 말하고 있습니다.

장로님, 어디에 마음이 있습니까?
이제는 아시나요? 장로는 낙원에서 사모하는 이름이고, 장자들의 모임에서 중심이고, 의인의 영들에서 핵심이고, 무엇보다 교회의 기둥으로서 만인의 존경을 받는, 영적으로는 재상입니다.

천국에 있는 24장로 중에서 사도 요한에게 들려주는 이야기를 들어보세요. 백발의 사도 요한에게 위로와 소망으로 다가와 세상을 밝혀주는 이야기는 실로 놀라움을 금치 못할 정도입니다.

> "우리 주 하나님이여 영광과 존귀와 권능을 받으시는 것이 합당하오니 주께서 만물을 지으신지라 만물이 주의 뜻대로 있었고 또 지으심을 받았나이다 하더라"(계 4:11).

24장로가 하나님을 경배하면서 하는 말이 무엇입니까?
세상을 창조하신 하나님께서 당연히 존귀함과 영광을 받으셔야 한다는 것입니다. 세상을 창조하신 하나님께서 그 창조한 세계를 주관하시고, 마침내 예수님의 나라를 실현시키는 권능의 주님이심을 강조합니다.

장로는 하나님의 마음을 헤아립니다.

천지창조에서, 역사에서, 새 창조에서 이루실 목적이 예수님의 나라에 있음을 잘 알고 있습니다. 천국에서 대관식이 열립니다. 우리 예수님께서 드디어 만왕의 왕으로 등극하시는 대관식입니다. 만만천천의 천사들과 함께 전능하신 하나님께서 일곱 인에 담긴 일곱 비밀 책을 예수님께 위임하십니다.

공식적으로 세상의 일들은 예수님의 사역이 됩니다. 먼저 이 사실을 인지한 장로들이 성도들의 기도를 가지고 와서 예수님 앞에서 찬양합니다.

> "그들이 새 노래를 불러 이르되 두루마리를 가지시고 그 인봉을 떼기에 합당하시도다 일찍이 죽임을 당하사 각 족속과 방언과 백성과 나라 가운데에서 사람들을 피로 사서 하나님께 드리시고 그들로 우리 하나님 앞에서 나라와 제사장들을 삼으셨으니 그들이 땅에서 왕 노릇 하리로다 하더라"
> (계 5:9-10).

하늘과 땅의 모든 권세가 예수님께 위임됩니다.
이것을 보고 환영하며 축하하며 그 영광을 돌리고 있습니다. 그 핵심은 우리를 땅에서 나라와 제사장으로 삼아 왕이 되게 하신다는 것입니다. 우리의 관심이 온통 천국에 있어 예수님 뵐 날을 기다리는데 천국에서는 땅에 관심을 두고 있고 예수님은 재림하시니 땅에서 만날 것이라고 강조합니다. 땅이 어디입니까? 세상입니다.

땅에서 예수님을 만날 것이고, 땅에서 왕이 될 것이며, 땅에서 누릴 것을 가르쳐 줍니다. 이 결론이 암시하는 말씀이 있습니다.

"만국이 그 빛 가운데로 다니고 땅의 왕들이 자기 영광을 가지고 그리로 들어가리라"(계 21:24).

위 말씀은 이미 예수님의 나라가 실현된 가운데 있을 삶과 역할을 보여줍니다. 마음과 의미에서만이 아니라 역사적이고, 실제적인 성취로 예수님의 나라이며 거기서 우리의 신분을 나타냅니다. 이것을 장로님은 요한에게 가르쳐 줍니다.

요한계시록 19장에서 24장로들의 모습을 봅니다.
세상 나라, 그 일곱째 역사이며, 일곱째 제국의 멸망에 대하여 합당함을 할렐루야로, 아멘으로 뜻을 전하고 있습니다. 역사 가운데서 항상 하나님께서 통치하신다는 말씀처럼 그 실질적인 역사 속에서 예수님의 재림이 가깝고, 그에 합당한 신부들이 준비되었으니 어린 양의 혼인 잔치가 있을 것을 가르쳐 줍니다.

"마지막 시대에 무엇이 복이냐?"
이 질문에 대한 천사의 대답입니다.

"천사가 내게 말하기를 기록하라 어린 양의 혼인 잔치에 청함을 받은 자들은 복이 있도다 하고 또 내게 말하되 이것은 하나님의 참되신 말씀이라 하기로"(계 19:9).

혼인 잔치, 그것은 예수님께서 공중으로 오시고 거기에 첫째 부활자들이 와서 모든 절차를 마치고 예수님의 나라에 내려와 천 년의 행복을 누리는 것입니다. 천국으로 당연히 오겠지만 먼저 세상에서 하나님의 뜻과 계획과 마음과 소원을 이루고 그다음에 천국에 와서 영원히 살라 하십니다. 이것을 장로님은 알기에 사도 요한에게 일러 줍니다.

하늘에 있는 장로님들이 먼저 하늘의 뜻을 헤아리고 우리에게 전해줍니다. 천국에 24장로들이 있다는 것은, 우리도 그들과 함께 천국에 있을 것을 보증하신 것입니다.

큰 구렁텅이

누가복음 16장에 기록된 부자와 거지 나사로의 이야기에 등장하는 큰 구렁텅이에 관한 내용입니다. 이 세상의 내용은 아니고 저 세상의 내용입니다. 저 세상, 보이지 않는 세계, 죽어서 영혼으로 가는 세계를 말합니다. 그곳은 이쪽과 저쪽으로 구분됩니다.

그 사이에 큰 구렁텅이가 있어 이쪽에서 저쪽으로, 또는 저쪽에서 이쪽으로 올 수가 없습니다. 이 불변의 말씀을 깬 것은 천주교입니다. 연옥설인데 이 세상과 연관을 지어 조상과 후손을 연결하여 선을 행함으로, 덕을 쌓으면 넘어가게 해 주는 아주 친절한 거짓을 교리로 만들었습니다.

기본적으로 이쪽과 저쪽은 물론이고, 이 세상과도 안 되며, 천국과도 안 됩니다. 공개적으로 예수님의 재림 때에만 첫째 부활자를 위한 축복으로 열고, 예수님의 나라에 참여할 천 년의 행복이 끝나야 비로소 천국과 지옥으로 가게 됩니다.

　천주교의 연옥이란 명칭은 무저갱을 달리 부를 수는 있으나 그 내용은 성경의 진리와는 다른 잘못된 교리입니다. 비유에서 부자는 이 세상에 형제 다섯이 있어 자신과 같은 처지가 되지 않도록 나사로를 보내 줄 것을 요청하지만 하나님의 법칙은 언제나 변함이 없습니다. 하나님의 공의에 따른 엄격한 적용만이 있을 뿐입니다.

　　"이르되 모세와 선지자들에게 듣지 아니하면 비록 죽은 자
　　가운데서 살아나는 자가 있을지라도 권함을 받지 아니하리
　　라 하였다 하시니라"(눅 16:31).

　무저갱은 후회와 고통의 긴 형벌의 기간입니다.
　모든 절차가 끝나는 대로 지옥의 판결을 기다립니다. 무저갱은 마지막 부활 때에 영벌로 들어가는 지옥의 대기실입니다. 그러므로 무저갱과 성도의 안식처인 낙원 사이에 큰 구렁텅이가 있어 이쪽에서 저쪽으로 옮길 수 없다는 사실을 알 것입니다. 이 구렁텅이는 천국과 지옥이 열리는 날에 없어집니다. 이처럼 철저한 구별이 낙원과 무저갱에 있습니다.

　　"사망과 음부도 불 못에 던져지니 이것이 둘째 사망 곧 불
　　못이라"(계 20:14).

사망과 음부는 낙원과 무저갱을 지칭하고 있습니다. 이 낙원과 무저갱 사이에 큰 구렁텅이가 있습니다. 이는 확실하고도 완벽한 구별입니다. 복음으로 그 결과를 얻게 될 낙원과 불신의 무저갱은 신자와 불신자의 영혼의 세계입니다. 낙원에서 무저갱으로, 무저갱에서 낙원으로는 절대로 옮길 수 없습니다.

예수님의 죽음으로 인한 삼 일간의 영혼의 거주는 낙원에서는 첫째 부활자의 소망을, 무저갱에서는 지옥에 대한 선포를 하신 것입니다. 복음은 오직 살아 있을 때만 가능합니다. 어떤 분은 베드로의 영적 지식을 오해하기도 합니다. 마지막 구원이란 예수님의 십자가에서, 죽기 전에 한 강도에게 허락한 복음의 기회뿐입니다. 사후의 복음은 없습니다. 절차상 하나님의 공의에 따른 상벌만이 있을 뿐입니다.

둘째 사망은 지옥입니다. 그렇다면 첫째 사망은 낙원과 무저갱을 말합니다. 세상을 구성한 이 세상이든, 저 세상이든 공식적으로 천국과 지옥이 열리면 그때에 다 없어집니다.

"또 내가 크고 흰 보좌와 그 위에 앉으신 이를 보니 땅과 하늘이 그 앞에서 피하여 간 데 없더라"(계 20:11).

땅과 하늘이란 창세 이후의 땅과 하늘이며, 예수님의 나라, 천 년의 왕국에서 새 하늘과 새 땅이며, 천 년 후의 땅과 하늘이니 이처럼 변동이 있는 세계입니다. 그래서 천국이 아닙니다.

이 세상의 세계는 천국이 열릴 때에 없어집니다. 마귀와 귀신들, 그 타락한 천사들의 심판이 이처럼 긴 역사 가운데 마치게 됩니다. 반면에 첫째 부활자 및 성도들이 그 천사들의 반열 위에 오릅니다.

하나님께서 사람을 아들로 받으시는 결론이 심히 아름답고 영화롭습니다. 이것이 우리의 자긍심입니다. 예수님의 십자가 사랑으로 하나님의 자녀라는 믿음을 주셨고, 예수님의 나라에서 실제적으로 상속자가 되고 아들이 되는 것입니다.

"이기는 자는 이것들을 상속으로 받으리라 나는 그의 하나님이 되고 그는 내 아들이 되리라"(계 21:7).

이처럼 영적인 규칙은 엄격합니다.
이것을 허는 자는 여우입니다. 적그리스도이고, 거짓 선지자입니다. 그에 앞서 많은 거짓 교사, 거짓 목회자, 거짓 종교 지도자들이 미혹할 것입니다. 복음서에서 제일 먼저 주의해야 할 내용으로 미혹에 대하여 말씀하셨습니다. 이것을 알아야 합니다. 반드시 이겨야 합니다. 우리의 영광을 절대로 빼앗기지 말아야 합니다.

히브리어

　바다에서 나온 짐승의 기질을 보면 다니엘서에 등장한 네 제국, 사자, 표범, 곰보다 뛰어나고 거칠어 기이한 짐승으로서의 넷째 짐승을 빼어 닮아 주목하게 됩니다.

　　"내가 본 짐승은 표범과 비슷하고, 그 발은 곰의 발 같고 그
　　입은 사자의 입 같은데 용이 자기의 능력과 보좌와 큰 권세
　　를 그에게 주었더라"(계 13:2).

　넷째 짐승은 헬라의 그리스 제국입니다.
　그 정복자 알렉산더 대왕은 세계 정복과 헬라 문화를 전파하는 데 주력하였고, 헬라 문화의 꽃이라고 하는 이집트의 알렉산드리아 도시문화를 선도합니다. 이 넷째 짐승은 일곱째 짐승의 리더십 스타일을 연구할 수 있는 귀중한 자료입니다.

첫째는 지금까지 없었던 새로운 스타일의 정복입니다.

다섯째 역사까지는 수단을 통하여 문화를 선도합니다. 마지막 시대는 우상과 경제를 장악하여 세상 나라, 적그리스도 제국을 세웁니다.

둘째는 히브리 문화에 집착합니다. 그의 이름이 히브리어이고, 그 숫자는 666입니다. 이는 히브리어 알파벳에 있는 숫자입니다. 그래서 유대인과 연관이 있고, 그의 신격화는 이스라엘, 예루살렘에 있는 하나님의 성전에서부터 시작합니다.

셋째는 매매에 관한 참고 자료로 최근 6진법에 영어 알파벳을 적용하여 컴퓨터(computer), 짐승(mark of beast), 칩(verishield)에 관하여 666 숫자를 찾아낸 방식이 매우 흥미롭습니다(A=6, B=12, C=18 ~ Z=156).

COMPUTER : 18+90+78+96+126+120+30+108 = 666

[참고 《요한계시록이 쉽다》, 다니엘 조, p.77]

지금까지 영어식 알파벳 6진법 적용과 고대 히브리어 알파벳 22자에 있는 수천 년 고유의 숫자를 통하여 살펴볼 지혜를 주셨습니다. 무엇보다 성경 자체의 숫자, 히브리어 철자에 있는 숫자는 너무나 중요하니 배우기를 바랍니다.

알레프(א, 1) 베트(ב, 2) 김멜(ג, 3) 달레트(ד, 4) 헤(ה, 5) 봐우(ו, 6) 자인(ז, 7) 헤트(ח, 8) 테트(ט, 9) 유드(י, 10) 카프(כך, 20) 라메드(ל, 30) 멤(מ ם, 40) 눈(נ ן, 50) 사메드(ס, 60) 아인(ע, 70) 페(פ ף, 80) 차데(צ ץ, 90) 코프(ק, 100) 레쉬(ר, 200) 쉰 (ש, 300) 타우(ת, 400)

 마지막 전쟁의 이름도 히브리어로 아마겟돈(계 16:16)이라고 기록하고, 무저갱에서 나온 황충 떼의 리더를 히브리어로는 아바돈(계 9:11)이라고 설명해 줍니다. 이는 마치 민둥산에 올린 신호이고, 기치이며, 시그널입니다. 이 중심에 흔들림이 없어야 모순이 보이고 진리에 깊이 다가갈 수 있습니다.

 이 신호에 따라 짐승은 유대인 출신이고, 그 숫자 값이 666이며, 하나님의 성전, 이스라엘 예루살렘 제3성전에 앉아 자신을 신격화할 것입니다. 이 짐승은 어떻게 여섯째 역사에서 주도권을 잡아 일곱째 역사를 열까요?

 이 문을 여는 것은 금융의 장악에 있고, 거짓 선지자의 표적에 있으며, 마귀의 계략처럼 타락한 일상에서 넘어가는 것입니다. 복음서 중 마태, 마가, 누가복음을 보겠습니다. 예수님께서 지목하신 세 부분을 나눠 생각하면 어렵지 않습니다.

 이는 일곱 인에서 첫째부터 둘째 인까지는 첫째 줄에 해당하는데, 그 특징은 점점 강해지다가 사상에서 정점을 찍고 세력이 약해

집니다. 현대사에 집중적으로 19, 20세기를 대변하게 됩니다. 그것이 전쟁사입니다.

셋째부터 넷째 인까지는 둘째 줄인데, 약해지던 그 자리에 중심을 잡고 강력하게 세력이 커집니다. 재난의 시작은 글로벌 재난에서 시작점이라는 뜻이 강합니다. 넷째 인에서 사분의 일의 범위를 규정합니다. 이것이 21세기를 대변하는 것입니다.

다섯째에서 일곱째 인까지는 셋째 줄에 해당한다고 봅니다. 순교사의 정점을 찍고 재앙의 굵기는 더욱 강력해지는 것을 알게 됩니다. 이것이 지정된 미래입니다.

첫째 줄의 내용은 민족과 민족의 전쟁, 나라와 나라의 전쟁이 있고 그 중심에 사상이 있다는 것입니다.

둘째 줄의 내용은 곳곳에 큰 지진과 기근과 전염병을 예고합니다. 땅의 사분의 일의 범위는 오늘날 팬데믹으로 정의합니다.

셋째 줄의 내용은 무서운 일과 하늘로부터 큰 징조가 있을 것을 예고합니다. 이것은 성경이 지정한 일곱 나팔 재앙입니다.
여기서 첫째 줄의 전쟁사는 사상에서 커지고 여섯째 역사에서 집중되다가, 둘째 줄의 재난은 여섯째 역사에서 강해지다가 글로벌 현상(사분의 일)으로 일어납니다.

우리에게 성경이 지목한 큰 지진과 기근도 세상에서 팬데믹으로 올 것입니다. 이것이 일곱 인의 비밀에서 그 네 번째 비밀의 열쇠입니다. 21세기는 그야말로 청황색 말의 시대, 팬데믹 시대를 펼칠 것입니다.

"내가 보매 청황색 말이 나오는데 그 탄 자의 이름은 사망이니 음부가 그 뒤를 따르더라 그들이 땅 사분의 일의 권세를 얻어 검과 흉년과 사망과 땅의 짐승들로써 죽이더라"(계 6:8).

셋째 줄의 내용은 재난의 시대가 끝나면 일곱 재앙으로 넘어가는 일곱째 역사, 적그리스도 제국을 여는 것입니다. 다니엘이 본 넷째 짐승의 기이함과 사도 요한이 본 바다에서 나온 짐승도 베일에 쌓여있지만 세상의 권력을 잡는 데 성공합니다. 나라도 없고, 민족도 없으나 단지 히브리어와 그 숫자 666에 정체를 숨기고 있습니다.

현재 우리가 주목해야 할 세 나라는 미국, 이스라엘, 바티칸시국입니다. 미국 바이든 대통령의 향후 정책이 어떻게 흐를지 전세계의 이목이 집중되었는데 그의 첫 행보는 동성애와 트랜스젠더(LGBT)에 대한 적극적인 지지로 나타났고 향후 우리나라의 정치사에도 이 영향은 그대로 실현될 것으로 전망됩니다.

또한 바티칸 시국, 프란치스코 교황은 세계종교통합이라는 단일 종교에 사활을 거는 듯한데 이에 세계교회협의회(WCC)도 적극적인 연합을 모색하는 것 같습니다. 이것이 향후 복음주의 교회가 좌우로 분열되는 논쟁거리로 전락하지 않을까 하는 염려가 있습니다.

그리고 항상 주시해야 할 이스라엘입니다.

최장수 총리 베냐민 네타냐후의 유대민족을 위한 헌법개정(독립선언서)에서, 그동안의 물밑 작업에서 한 발짝 더 나아간 현 우파총리의 행보는 향후 제 3성전의 건립을 위한 절차에 정치적 역량이 어느 정도로 나타날지 관심이 집중되기도 합니다.

이처럼 우리 시대의 흐름을 주도하는 정치인들이 어떤 정책을 펼치는지 기독교의 입장에서 항상 주목하고 깨어 있어야 한다는 사실을 절실하게 느끼고 있습니다.

중국은 시장에서도 큐알(QR) 코드를 이용한 매매를 시행한 후에 자신감을 얻어 가상화폐를 정부화폐로 상용할 준비를 합니다. 천주교와 정교회의 천 년의 만남, 천주교 주교 임명권 중국에 양보, 천주교와 유대교의 일치에서 보면 남은 세력 중동에 대하여 아브라함 협정으로 점점 제3성전 건립에 일치를 모색하고 있습니다.

성경을 통하여 보는 세상이 참으로 흥미롭습니다.

분명한 것은 거짓의 세계를 이루고, 세상 사람들을 미혹하여 열광하게 하는 것이 등장할 것입니다. 이는 거짓 선지자의 역할입니다. 거짓 선지자는 기독교의 배경을 갖고, 두 뿔이 있으니 나라의 권력을 갖고 있으며, 신성모독이라는 악한 짓을 할 것입니다. 지금까지 세계종교통합에 대한 행사만큼 가까운 것이 없습니다. 이 외에 다른 불법의 세력들도 고개를 들고 있습니다.

2021년 비대면 사회에서 페이스북이 메타버스를 기업의 새 목표로 정하고 우리에게 다가왔습니다. 이러한 새로운 환경에서 과학, 기술, 정보의 세계는 속도를 내며 일상으로 다가옵니다.

우리는 이에 적극적으로 관여, 활용하여 선한 영향력을 발휘해야 합니다.

물론 성경이 지목한 그 때와 상황이 어느 정도 거리감이 있는지 이 또한 살피는 지혜도 필요할 것입니다. 인생에 반드시 죽음이 있다고 주어진 삶을 허비하면 안 되듯이 성경적 결론이 있다고 오늘을 불안한 태도로 사는 것은 더욱 어리석은 일입니다.

다만 우리 시대와 상황이 어느 만큼 와 있는지 항상 꼼꼼히 체크함이 바람직한 것입니다.

요한계시록 13장 15절 짐승의 우상(우상생명체)과 요한계시록 13장 17절 짐승의 표(금융시스템)에 대하여 우리 시대는 얼만큼의 거리감이 있는지, 어느 정도의 때와 상황에 와 있는지 주시하는 지혜는 항상 필요한 것입니다.

혹자는 너무 예민하여 극단으로 치우치는 것이 아닌가 하겠지만 마음이 둔해지는 것보다 시대의 흐름에 민감한 것이 영적 지도자의 바른 태도라고 생각합니다.

비유에서 부자와 거지 나사로가 있습니다.

큰 환난은 바로 거지 나사로 성도의 길이고, 욥의 길이며, 거룩한 성도의 길, 순교자의 길입니다. 큰 환난에 넘어가지 말기를 바랍니다. 이 일곱째 역사 전에 평안히 죽는 복과 휴거의 복이 있습니다. 큰 환난의 시대라면 일사각오로 임하는 수밖에 없습니다. 거기서 승리하면 자격을 주십니다. 첫째 부활자의 몫과 예수님의 나라에 참여할 천 년의 거룩한 복이 있습니다.

그렇지만 큰 환난은 힘듭니다.

미리미리 준비하고 깨어 있는 것밖에 없습니다. 기도로 깨어 있고, 자기 시대에 깨어 있고, 믿음으로 옳은 행위를 추구하며 예수님의 나라를 기대하는 것입니다. 앞으로 이스라엘 히브리어는 경쟁력이 있는 언어가 될 것입니다. 적그리스도의 정부가 이스라엘 예루살렘에 자리할 것이니 세상의 정치, 종교, 문화, 금융이 어느 시점에 빠르게 그리로 옮겨갈 것입니다.

할렐루야

　많은 물소리와 같고, 큰 우렛소리와도 같고, 허다한 무리의 음성과 같은 소리로 "할렐루야" 하니 천국이 하나님의 영광으로 가득찹니다. 사도 요한이 천국에서 듣고 보는 바에 있으니 24장로들, 스랍 천사들, 만만 천천의 천사들인데 장로와 스랍 천사가 화답하는 형식 외에 허다한 무리들이니 자연스럽게 만만 천천의 천사들임을 알게 됩니다. 하나님께 올리는 최고의 찬사인 할렐루야는 다음과 같은 내용 속에서 드려집니다.

　첫째로 우리 하나님에게 구원과 영광과 능력이 있다는 사실을 고백하며 할렐루야로 찬양합니다. 마침내 저 음녀인 세상 나라, 적그리스도 제국을 심판하여 멸망시키고 모든 성도의 피를 저 음녀의 손에 갚아주신 것이 합당하고 끝을 맺으셨다는 사실을 할렐루야로 찬양합니다.

둘째로 이 사실에 대하여 24장로들과 네 생물인 스랍 천사들이 아멘하고 할렐루야로 화답하며 우리 하나님께 경배합니다.

"하나님의 종들 곧 그를 경외하는 너희들아 작은 자나 큰 자나 다 우리 하나님께 찬송하라"(계 19:5).

마무리는 만만 천천의 천사들이 할렐루야로 화답하며 찬양합니다.

"할렐루야 주 우리 하나님 곧 전능하신 이가 통치하시도 다 우리가 즐거워하고 크게 기뻐하며 그에게 영광을 돌리세 어린 양의 혼인 기약이 이르렀고 그의 아내가 자신을 준비하였으므로 그에게 빛나고 깨끗한 세마포 옷을 입도록 허락하셨으니 이 세마포 옷은 성도들의 옳은 행실이로다"(계 19:6-8).

할렐루야에는 다음과 같은 뜻이 담겨 있습니다.

첫째로 천사들도 하나님께 쓴 단어입니다.
둘째로 반드시 적그리스도를 심판하신다는 뜻이 담겨 있습니다.
셋째로 우리는 반드시 하나님을 찬양해야 한다는 뜻이 담겨 있습니다.
넷째로 창조주 하나님이 반드시 통치하신다는 뜻이 담겨 있습니다.

단어의 뜻을 정리하면 구원, 영광, 능력, 심판, 통치라는 의미가 할렐루야에 담겨 있습니다. 우리에게 할렐루야의 가치는 반드시 혼인 잔치에 참여하여 예수님의 나라에서 천 년의 행복을 누리라는 거대한 스케일의 내용을 담고 있는 것입니다. 이것이 땅에서 이뤄져야 할 고백입니다.

"천사가 내게 말하기를 기록하라 어린 양의 혼인 잔치에 청함을 받은 자들은 복이 있도다 하고 또 내게 말하되 이것은 하나님의 참되신 말씀이라 하기로"(계 19:9).

이는 한국영화 속에서 저속하게 표현되는 할렐루야가 아닙니다. 이것이 속상합니다. 결론적으로 할렐루야는 너무나 멋진 단어입니다. 우리 하나님은 전능하십니다. 우리 하나님은 심판하십니다. 우리 하나님은 통치하십니다. 이 내용을 담은 칭송의 단어입니다. 우리 하나님은 혼인 잔치를 준비하시고, 멋진 세계, 예수님의 나라를 허락하십니다. 참으로 기대되고 기대됩니다. 어찌, 이 세계를 모른단 말입니까?

만만 천천의 천사들이 예수님에 대해 말했습니다.

"큰 음성으로 이르되 죽임을 당하신 어린 양은 능력과 부와 지혜와 힘과 존귀와 영광과 찬송을 받으시기에 합당하도다 하더라"(계 5:12).

능력으로, 부유함으로, 지혜로, 힘으로, 존귀함으로, 영광으로, 찬

송으로 일곱 가지 관을 쓰시고 우리 예수님이 오십니다. 그리고 다스리십니다. 이는 하나님의 소원이신 내 백성, 우리 하나님이 되는 것입니다. 이 어찌 "할렐루야" 하고 외치지 않을 수 있겠습니까? 할렐루야, 참으로 거룩한 천사들의 고백이요, 우리의 행복한 신앙고백입니다.

참고로 레너드 코헨(Leonard Cohen)의 "할렐루야"(Hallelujah)를 들어보길 바랍니다. 할렐루야! 참 아름다운 선율이자 기독교 용어의 가치를 잘 나타낸 노래입니다. 더 강하고 빛나는 할렐루야는 헨델의 오라토리아인 '메시아(Messiah)' 중에서 "할렐루야"로 한번 들어보길 바랍니다.

예수님의 나라(4)

　요한계시록 21장과 22장 말씀은 천국을 묘사한 것이 아닙니다.
　절대로 천국이 아닙니다. 이 끝이 틀리면 여러 과정에서 많은 세밀한 부분을 놓치게 됩니다. 그러면 무엇입니까? 이 땅에서 이룰 예수님의 나라입니다. 이미 천국은 요한계시록 4장에서 자세히 보여주었습니다. 그 천국에서 말씀하는 내용들이 전부 이 땅에서 이룰 예수님의 나라에 대한 이야기뿐입니다.

　천국과 세상이 다른 것은 무엇일까요? 그 차이를 하나씩 점검해 봅니다. 우선 생각나는 것은 천국은 영원하고 세상은 시작과 끝이 있습니다. 세상의 끝은 곧 역사의 끝입니다. 그러면 남는 것은 오직 천국과 지옥만이 남습니다. 그래서 천국은 영생이고, 지옥은 영벌로 영원토록 존재하는 것입니다.

　우리가 영원이라고 말하는 것은 전혀 변함이 없는 것입니다. 천국은 언제나 그 자리에 영원히 있습니다. 비록 타락한 천사들로 인해 문제가 있었지만 세상이라는 땅으로 추방하고 하나님의 계획과 뜻 안에서 세상을 설계하시는데, 이것이 창조 이야기입니다.

창세기에서 창조의 내용은 단지 땅의 내력이며, 사람의 내력이며 그것이 역사입니다. 창세기는 천국을 말하지 않습니다. 오직 땅의 이야기를 펼치는 것입니다. 그 안에 우주도 지구도 있고, 낙원과 무저갱도 있어 세상이라는 범위에 모두 속한 것입니다. 사도 바울은 거기까지를 셋째 하늘이라고 말하면서 낙원이라고 지목했으니 여기도 세상인 것입니다. 그 이상이 천국입니다.

> "내가 그리스도 안에 있는 한 사람을 아노니 그는 십사 년 전에 셋째 하늘에 이끌려 간 자라(그가 몸 안에 있었는지 몸 밖에 있었는지 나는 모르거니와 하나님은 아시느니라)… 그가 낙원으로 이끌려 가서 말로 표현할 수 없는 말을 들었으니 사람이 가히 이르지 못할 말이로다"(고후 12:2,4).

셋째 하늘까지는 진실로 세상입니다. 이 세상의 특징은 변하는 것입니다. 그래서 무저갱은 둘째 사망으로 떨어져 없어지고, 낙원은 영생의 길로 안내하며 천국으로 사라집니다. 이러한 변동은 세상의 특징인 것입니다.

> "바다가 그 가운데에서 죽은 자들을 내주고 또 사망과 음부도 그 가운데에서 죽은 자들을 내주매 각 사람이 자기의 행위대로 심판을 받고 사망과 음부도 불 못에 던져지니 이것이 둘째 사망 곧 불 못이라"(계 20:13-14).

또한 새롭게 변한다는 뜻도 세상만이 갖는 특징입니다. 그렇다면 새 하늘과 새 땅이란 천국을 말하는 것이 아니라 세상의 변화를 말합니다. 그것도 창조주 하나님께서 만물을 새롭게 창조하신 것입니다. 만물을 새롭게 창조하신 말씀을 천국이라고 하면 안 됩니다. 이사야서에서도, 요한계시록에서도, 심지어 복음서에서 새롭게 하신다는 뜻은 전부 세상을 두고 하신 말씀입니다.

"또 내가 새 하늘과 새 땅을 보니 처음 하늘과 처음 땅이 없어졌고 바다도 다시 있지 않더라"(계 21:1).

처음 하늘과 처음 땅은 일곱 나팔 재앙과 일곱 대접 재앙으로 무너진 세상을 말합니다. 창조주 하나님만이 새롭게 하실 능력이 있습니다. 거기에 바다가 보이지 않는 것은 세상 나라의 멸망이 있고 에덴의 네 강들이 회복되었기 때문입니다. 예수님의 나라의 재건은 옛 에덴의 영토 위에 새롭게 창조하신 하나님의 나라입니다.

요한계시록 21장과 22장이 성경의 마지막 부분에 있으니 천국이라고 말하기 쉽고 또는 "예수! 천국!"이라고 복음을 외치던 그 마음이 전해져서 천국이라고 하기도 하지만 아닌 것은 아닌 것입니다. 천국은 여기서 표현한 것보다 비교할 수 없는 아름다움과 영화로움입니다. 어디서 천국을 말할 수 있습니까? 예수님의 나라에서 천 년의 행복을 느낄 때에 비로소 천국을 느낄 것입니다. 참으로 그때에 사모함이 넘칠 것입니다. 그러면 예수님의 나라에서 천국으로 가는 행복감이 참으로 클 것입니다.

천국에 대한 표현에서 열린 문이 있습니다. 요한계시록 4장의 말씀입니다. 그러나 21장과 22장에 발견한 문은 열두 문(12문)입니다. 동서남북에 각각 세 문씩 있습니다. 열두 문은 예수님의 열두 제자의 이름과 마지막 순교자, 열두 지파의 이름으로 세워진 명예의 전당과 같습니다. 거기에 그들의 영광이 나타납니다. 그것이 예수님의 나라에서 일어납니다.

"만국이 그 빛 가운데로 다니고 땅의 왕들이 자기 영광을 가지고 그리로 들어가리라 낮에 성문들을 도무지 닫지 아니하리니 거기에는 밤이 없음이라"(계 21:24-25).

그 사람들이 만국의 영광과 존귀를 가지고 그리로 들어갑니다. 그곳이 천국이 아닙니다. 이 땅에 세워진 예수님의 나라입니다. 그러므로 하나님의 소원이 무엇입니까? 교회와 성도들이 하나님의 계획과 뜻인 예수님의 나라에 참여하여 천 년의 행복을 누리다 천국에 오길 원하신다는 사실입니다. 여기가 하나님이 원하시는 성도들의 진(캠프)이고 사랑하시는 나라(省)인 것입니다.

예수님의 나라는 성곽의 높이가 144규빗이고, 성의 길이와 너비와 높이가 12,000스다디온입니다.
이 크기를 이해하기 쉽게 단위를 변환하여 계산하면 다음과 같습니다.

성곽의 높이의 단위인 1규빗(cubit)은 45cm 정도이니 한 65m가량으로 계산됩니다. 이 성의 길이와 너비와 높이의 단위인 1스다디온(stadia)은 약 190m이니 12,000에 190을 곱하면 2,280,000m, 곧

2,280km입니다.

따라서 면적은 2,280km×2,280km로 5,198,400km²입니다.

여기에 높이를 곱하면 성의 크기는 11,852,352,000km³인 것을 계산할 수 있습니다(2,280m×2,280m×2,280m=11,852,352,000km³).

"그 성은 네모가 반듯하여 길이와 너비가 같은지라 그 갈대 자로 그 성을 측량하니 만 이천 스다디온이요 길이와 너비와 높이가 같더라 그 성곽을 측량하매 백사십사 규빗이니 사람의 측량 곧 천사의 측량이라"(계 21:16-17).

이처럼 예수님의 나라는 계산을 할 수 있지만 천국은 계산할 수 없습니다. 이 차이만큼은 선명합니다. 요한계시록 21장과 22장은 세상에 대한 것이고 특별히 예수님의 나라에 관한 말씀입니다. 위의 면적은 옛 에덴의 면적이고, 옛 가나안의 면적이며, 지금 예루살렘의 면적이기도 합니다. 그 완성이 바로 예수님의 나라입니다. 땅의 변천사는 이렇습니다.

처음 하늘과 처음 땅은 창세기에서 비롯한 세상입니다. 새 하늘과 새 땅은 요한계시록에서 비롯한 예수님의 나라입니다. 그리고 하나님의 백 보좌 심판 때에 있는 하늘과 땅은 이러한 변천에 따른 천 년 후까지 있는 세상입니다. 여기서 마귀는 곡과 마곡과 함께 최후를 마칩니다. 그러므로 이러한 세상의 변천사는 마지막을 고합니다.

"또 내가 크고 흰 보좌와 그 위에 앉으신 이를 보니 땅과 하늘이 그 앞에서 피하여 간 데 없더라"(계 20:11).

혼인 잔치

복음서의 가나 혼인 잔치는 요한계시록에서 어린 양의 혼인잔치로 귀결됩니다. 최근 영화 "가나의 혼인잔치: 언약"에서 그 의미를 더욱 실감하게 됩니다. 브래드 TV에 나온 제작자와의 인터뷰 내용을 통해서도 느낄 수 있습니다.

갈릴리 가나의 혼인잔치 예식은 1세기 이스라엘 및 중동의 풍습에서 그대로 이해되는 이야기입니다. 그런데 여기에 담긴 예수님의 재림을 발견하는 기쁨이 더 큽니다. 아버지와 아들의 관계에서 생각할 것은 아버지 외에는 신부를 맞이하러 갈 신랑도 그 때를 모른다는 사실에 있습니다. 그렇다면 당연히 신부도 신랑이 언제 올지 모르는 것은 자명합니다. 예수님께서 복음서에서 밝힌 말씀과 일치합니다.

"천지는 없어질지언정 내 말은 없어지지 아니하리라 그러나
그날과 그때는 아무도 모르나니 하늘의 천사들도, 아들도
모르고 오직 아버지만 아시느니라 노아의 때와 같이 인자의
임함도 그러하리라"(마 24:35-37).

이 정도의 강력한 말씀에 이의를 제기한다는 것은 자멸하는 위험이 따릅니다. 그래서 공식화해버립니다. 여기에 어려움이 있습니다. 참으로 막막합니다. 교회는 복음서에 멈춰 변화의 기류를 알아채지 못합니다.

첫 번째 변화는 예수님의 부활 시(時)에 40일 동안 하나님의 일에 대하여 말씀하신 것입니다. 나의 벗, 서 목사님의 발견처럼 'Heaven'이 아닌 'Kingdom'이라는 영어의 해석을 통해 변화를 감지합니다. 또한 사도 요한이 천국에서 'Heaven'에 대한 말씀을 들은 것이 아니라, 전부 세상에서 이룰 것들에 관하여 집중적으로 보고 들었다는 사실을 통해 변화의 흐름을 감지합니다.

두 번째 변화는 요한계시록의 말씀에서 일곱 인에 담긴 하나님의 권한을 예수님께 위임하는 대관식(계 5장)에서 발견됩니다. 여기에 사망과 음부의 권세 이관, 일곱 역사 관리 이관, 1,260일 일자에 대한 지정, 그 안에 연, 월, 일, 시에 관한 모든 것(계 9:15)이 포함되어 있습니다.

첫 번째 1,260일이 지정되었다는 것은 두 선지자의 출현이 있는 기간이며 한 때와 두 때와 반 때라고도 말합니다.

"내가 나의 두 증인에게 권세를 주리니 그들이 굵은 베옷을
입고 천이백육십 일을 예언하리라"(계 11:3).

두 번째 1,260일이 지정되었다는 것은 적그리스도 천하의 때를 말하며 마흔두 달이라고도 말합니다.

"또 짐승이 과장되고 신성모독을 말하는 입을 받고 또 마흔
두 달 동안 일할 권세를 받으니라"(계 13:5).

세 번째 연, 월, 일, 시를 정한다는 것은 두 번째 1,260일 안에 있는 그날과 그 시간입니다. 그날과 그 시간은 아마겟돈 전쟁에 친정하신 예수님의 재림을 말합니다.

"네 천사가 놓였으니 그들은 그 연 월 일 시에 이르러 사람
삼분의 일을 죽이기로 준비된 자들이더라"(계 9:15).

위의 지정처럼 아버지 하나님만의 고유한 권한이 아들 예수님에게 모두 위임되는 것은 하나님의 때가 충족된 것입니다. 예수님의 부활, 승천 후에 요한의 형제 야고보가 순교하고, 제자들이 연이어 순교하고 서기 66년에 베드로의 순교가 일어나고, 이어서 67년에는 사도 바울마저 순교로 목숨을 잃습니다. 이런 시기를 보내고 30여 년이 지난 뒤에 사도 요한은 마지막 때에 대변화를 맞이한 것입니다. 이것이 계시에서 밝혀진 진리입니다.

참으로 복음과 고난의 역사에서 유일하게 남은 예수님의 제자 요한이 받은 예수님에 관한 최종의 계시인 것입니다. 이제 아들 예수님의 시대가 온 것이고, 예수 그리스도에 관한 계시를 그의 교회들에게 말씀하시고 준비하게 하십니다.

여기에 동일하게 우리가 있습니다.
혼인잔치는 아버지와 아들과 신부에 관한 이야기입니다.
신부는 첫째 부활자이고, 아들은 신랑이신 예수님이십니다. 이 거룩한 만남이 하늘의 저 공중에서 천사들의 축하 속에 이뤄집니다. 이것이 예수님의 재림으로 실현되고, 예수님의 나라에서 완성됩니다. 이것이 거룩한 복입니다. 이는 일곱 역사의 끝에서 새롭게 시작되는 역사입니다. 전혀 새로운 역사가 시작됩니다. 정의하면 아홉 번째 역사일 것입니다.

일곱째는 적그리스도의 나라이고, 이는 마귀의 여덟째 역사에 속하는 세계이니 예수님의 나라는 아홉 번째 역사입니다. 아홉 번째 역사, 천 년의 역사는 의의 나라요, 공의가 선명한 평화의 나라이니 모든 짐승까지 변화하고, 남은 세상 사람들도 기억이 새롭게 변화하여 새 시대의 역사를 채웁니다.

"전에 있었다가 지금 없어진 짐승은 여덟째 왕이니 일곱 중에 속한 자라 그가 멸망으로 들어가리라"(계 17:11).

이 새로운 세대의 지도력은 첫째 부활자의 몫입니다.
만국의 왕으로서 다스리시는 주님과 함께 영광을 누립니다. 이 얼

마나 신나는 세계입니까? 주와 함께 다스림이란 예수님의 제자들의 영광을 우리도 함께 누리는 것입니다.

이 재앙에 죽지 않고 남은 세상 사람들은 시대를 채울 뿐입니다.
그들은 새 예루살렘 성 밖에 머물고 건강하게 살다 죽을 것입니다. 그들은 죽으면 무저갱으로 갑니다. 마귀의 영벌이 유예되어 있듯, 세상 사람들도 형벌이 유예될 뿐입니다. 우리가 지금 섞여 있지만 영적으로 구분되어 있듯이, 그때도 첫째 부활자와 세상 사람들은 구분됩니다.

이 시대의 특징은 첫째 부활자와 새 예루살렘 성 안에서는 죽음이 없다는 것입니다. 오로지 천 년의 축복을 꽉 채웁니다. 그러다 끝나면 절차에 따라 주와 함께 천국에 입성합니다. 그러나 새 예루살렘 성 밖에서는 세상 사람들, 개인이 천 년을 채우지 못합니다. 건강하게 살다 죽습니다.

이사야가 백 세가 못 되어 죽는 자를 저주받은 자라고 했듯이 백 세는 보장됩니다. 이 저주 받은 자란 세상 사람들에게 붙어 있는 가인의 표와 같습니다. 예수 그리스도의 나라는 성경이 지목한 에덴의 동산이며, 가나안의 온 지경이며, 중요한 것은 12,000스다디온의 영토입니다. 세상이 새롭게 될 때에 예루살렘은 중심이 될 것입니다. 거기가 예수님의 나라입니다.

그 밖의 영역은 세상 사람들이 거주하는 세계이고, 특별히 주어진 천 년이란 역사를 채울 것입니다. 그러다 결국에는 마귀가 놓일 때에 미혹을 받을 수밖에 없는 세상 사람들입니다. 이것을 곡과 마곡이라고 말합니다. 마귀의 마지막 형벌의 절차, 영체라는 타락한 천사들의 처리가 비로소 그들과 함께 단행됩니다. 그때에 비로소 영벌인 지옥의 형벌을 받게 됩니다.

"또 그들을 미혹하는 마귀가 불과 유황 못에 던져지니 거기는 그 짐승과 거짓 선지자도 있어 세세토록 밤낮 괴로움을 받으리라"(계 20:10).

피와 불과 연기

재앙으로써 불과 연기와 유황이 요한계시록 9장에 기록된 여섯째 나팔 재앙인데, 실제적으로는 예고편에 해당합니다. 이는 요한계시록 16장에 기록된 여섯째 대접 재앙에 속합니다. 이 말씀의 근거인 요엘서는 이것을 이적이라고 말씀합니다.

"내가 이적을 하늘과 땅에 베풀리니 곧 피와 불과 연기 기둥이라"(욜 2:30).

이것은 이적 또는 재앙으로써 피와 불과 연기이고 또는 불과 연기와 유황이라고 지적했듯이 인간의 수단으로써 핵무기의 사용은 절대로 아닙니다. 이적과 재앙은 천사들의 능력이라는 범주에 속합니다.

천사들의 능력은 여리고 성을 무너뜨리고, 소돔과 고모라 성을 뒤엎어 버리고, 큰 성 바벨론을 멸망시키는 것으로 그 안에 사용된 재앙들이 있지만 핵무기라는 수단에 의존하지 않습니다. 아예 보이지 않습니다.

첫째 나팔 재앙에서 셋째 나팔 재앙까지 이 개념이 적용되는 내용은 다음과 같습니다. 요한계시록 8장에 기록되었는데, 정리하면 이렇습니다.

피 섞인 우박과 불이 나와서 땅에 쏟아지고, 불붙는 큰 산과 같은 것이 던져지고, 심지어 횃불같이 타는 큰 별이 하늘에서 땅으로 떨어지는 가운데 당하는 재앙들이 있습니다.

피와 불과 연기는 재앙을 담당한 일곱 천사들만이 아니라 만만 천천의 천사들과 그들의 대장 미가엘 천사장이 하늘의 군대를 이끌고 만왕의 왕, 예수님의 친정(親征)에 따라 심판의 역할을 감당합니다.

"하늘에 있는 군대들이 희고 깨끗한 세마포 옷을 입고 백마
를 타고 그를 따르더라"(계 19:14).

마치 철장으로 질그릇을 깨뜨리듯 합니다. 핵무기는 필요 없습니다. 미국과 러시아의 패권다툼도 아닙니다. 천사들의 능력은 천지를 변동시킬 강력함입니다. 피와 불과 연기는 세상을 심판하시는 하나님의 능력입니다.

요한계시록에 기록된 모든 재앙들이 끝나면 마치게 됩니다. 다니엘서는 마지막 시대의 방향성을 보이고 있습니다.

"다니엘아 마지막 때까지 이 말을 간수하고 이 글을 봉함하라 많은 사람이 빨리 왕래하며 지식이 더하리라"(단 12:4).

오늘의 입장에서 다니엘서의 지침은 과학과 기술에서 지식의 속도에 있다는 사실을 명시해 주었고, 이 속도감은 마지막 시대 짐승의 우상과 짐승의 표에 집중하고 있다는 사실을 요한계시록은 설명하고 있습니다. 다니엘서와 요한계시록의 계시는 인간의 최고의 정점에서 만들어낸 과학과 정보와 지식의 결정체로 곧 나타날 것입니다.

짐승의 우상은 과학과 정보와 지식의 통합적 목표로 이뤄지고, 거짓 선지자의 이적(계 13:14)으로 결합되는 방식에서 만들어 내는 인공지능과 같습니다. 또한 짐승의 표는 동일하게 과학과 정보와 기술이 금융에 연결된 시스템과 그것을 장악하는 세력으로서 놀랍게도 그는 거짓 선지자(계 13:16)입니다.

이제는 종교권력과 경제권력이 뒷받침할 것입니다. 거짓 선지자는 적그리스도의 앞잡이입니다. 세상은 이 미혹 앞에서 굴복할 것이나 교회만이 저항하고 일사각오의 믿음을 견인하게 합니다. 이 결과를 예고합니다. 반드시 이깁니다.

"그들이 어린 양과 더불어 싸우려니와 어린 양은 만주의 주시요 만왕의 왕이시므로 그들을 이기실 터이요 또 그와 함께 있는 자들 곧 부르심을 받고 택하심을 받은 진실한 자들도 이기리로다"(계 17:14).

이 믿음의 경주는 목표에 다가옵니다. 요한계시록 22장 14절에 근거하여 질주하고 19절에서 골인합니다. 이것은 생명나무의 길과 거룩한 성에 참여하는 것입니다.

"만일 누구든지 이 두루마리의 예언의 말씀에서 제하여 버리면 하나님이 이 두루마리에 기록된 생명나무와 및 거룩한 성에 참여함을 제하여 버리시리라"(계 22:19).

생명나무의 길과 거룩한 성에 참여하는 것이, 창세기에서 시작하여 드디어 요한계시록에서 마치는 것입니다. 그것이 모든 계시의 주제인 예수님과 그의 나라로 완성되는 것입니다. 피와 불과 연기는 이러한 과정에서 파생하는 재앙이자, 심판입니다.

"이 세 재앙 곧 자기들의 입에서 나오는 불과 연기와 유황으로 말미암아 사람 삼분의 일이 죽임을 당하니라"(계 9:18).

이러한 심판이 끝나야 계시의 주제가 완성될 것입니다. 이 심판은 아마겟돈의 전쟁이며, 이 끝에서 계시의 주제인 예수님의 나라는 실현될 것입니다.

"일곱째 천사가 나팔을 불매 하늘에 큰 음성들이 나서 이르되 세상 나라가 우리 주와 그의 그리스도의 나라가 되어 그가 세세토록 왕 노릇 하시리로다 하니"(계 11:15).

이방인의 충만한 숫자

로마서는 이방인의 충만한 수가 채워질 때 비로소 이스라엘이 구원을 받을 것이라고 바울은 말합니다.

"형제들아 너희가 스스로 지혜 있다 하면서 이 신비를 너희가 모르기를 내가 원하지 아니하노니 이 신비는 이방인의 충만한 수가 들어오기까지 이스라엘의 더러는 우둔하게 된 것이라"(롬 11:25).

이방인의 충만한 숫자는 하나님의 신비한 수의 개념입니다. 그때가 되면 이스라엘에 대한 본격적인 회복을 주신다는 뜻을 전합니다. 이것을 기록으로 명시하였습니다.

"그리하여 온 이스라엘이 구원을 받으리라 기록된 바 구원

자가 시온에서 오사 야곱에게서 경건하지 않은 것을 돌이키
시겠고 내가 그들의 죄를 없이 할 때에 그들에게 이루어질
내 언약이 이것이라 함과 같으니라"(롬 11:26-27).

이 명시로 말미암아 두 선지자를 1,260일 동안 보내어 이스라엘을 회복시킵니다. 이것이 가까운 미래에 있습니다. 이방인의 충만한 숫자가 채워지고 있습니다. 세계 선교단체들의 보고서는 이 기록을 뒷받침하고 있습니다. 미전도종족의 복음화가 급속히 증가하여 얼마 남지 않았다고 보고합니다.

아주 중요한 기점을 하나 발견할 수 있는데, 그것이 예루살렘입니다. 예수님께서 말씀하신 예루살렘이 이방인의 때가 차기까지 짓밟힌다고 하십니다. 이방인의 때가 차기까지란 언제까지입니까? 이것이 중요합니다.

"그들이 칼날에 죽임을 당하며 모든 이방에 사로잡혀 가겠
고 예루살렘은 이방인의 때가 차기까지 이방인들에게 밟히
리라"(눅 21:24).

서기 70년에 로마제국에 의하여 예루살렘이 멸망하고 다시 회복한 시기는 1948년 5월 14일이고, 다시 예루살렘을 회복한 시기는 독립 70주년인 2018년 5월 14일로, 명실상부하게 이스라엘과 예루살렘을 구축합니다.

예루살렘이 이방인에게 밟힌 영토는 회복하였습니다. 이제는 예루살렘 성전만이 남았습니다. 이 성전 터는 이슬람이 8세기부터 정착하여 1066년부터 오늘의 모습으로 정비한 알아크사 모스크가 있습니다. 이것은 이슬람의 3대 성지 가운데 하나로 예루살렘 성전 터를 점령하고 있습니다.

이것이 해결되면 이방인의 때가 다 채워진 것입니다. 그러면 닫히고, 이방인의 복음은 이스라엘로 옮겨져 열립니다. 이에 이스라엘의 회복 1,260일 프로젝트가 가동됩니다. 두 감람나무와 두 촛대인 두 선지자가 등장합니다.

하나님께서는 모세와 엘리야와 같은 능력의 종들을 보냅니다.
이에 요한계시록 7장, 11장, 14장에 걸친 이스라엘의 역사가 일어납니다. 이스라엘의 경건하지 않은 것을 돌이켜 주시는 은혜를 주십니다. 그들이 지금까지 순종하지 않은 이유는 무엇입니까? 전혀 생각지 못한 역설적인 이유가 밝혀집니다. 장로교의 위대한 고백인 전적인 타락이요, 불가항력적인 은혜가 실현됩니다.

"하나님이 모든 사람을 순종하지 아니하는 가운데 가두어
두심은 모든 사람에게 긍휼을 베풀려 하심이로다"(롬 11:32).

이스라엘에게 이제는 긍휼을 베풀고자 하십니다.
이것이 하나님의 지혜이고, 계시이며, 판단이며, 마음이라고 사도 바울은 이스라엘의 구원을 말합니다. 이제 복음이 이방인의 충만한

수로 채워집니다.

그것을 알 수 있는 증거로 예루살렘이 회복되고 있습니다. 제3성전이 그곳에 세워지고 두 선지자를 파송하면 마침내 이뤄질 것입니다. 이스라엘의 영광이 마침내 교회를 이룰 것입니다. 오직 어린 양 예수님의 인도를 따라 헌신의 길에 설 것입니다. 마침내 이스라엘은 영화롭고 아름다운 피날레의 주인공이 될 것입니다.

> "이 사람들은 여자와 더불어 더럽히지 아니하고 순결한 자라 어린 양이 어디로 인도하든지 따라가는 자며 사람 가운데에서 속량함을 받아 처음 익은 열매로 하나님과 어린 양에게 속한 자들이니 그 입에 거짓말이 없고 흠이 없는 자들이더라"(계 14:4-5).

이것은 사도 요한의 깨달음이고, 우리의 깨달음입니다.
전적으로 하나님의 은혜로 말미암아 여기에 서 있다는 사실입니다.
참으로 빠르게 이방인의 충만한 숫자가 채워지고 있습니다. 참으로 빠르게 예루살렘이 회복되고 있습니다. 2020년 8월 13일에는 아랍에미리트(UAE)와 이스라엘간의 평화를 위한 아브라함 협정이 체결되었습니다.

이것은 그동안 예루살렘 수도 이전 문제로 냉전 상태에 있던 이슬람과의 관계회복을 이루고 실질적으로는 예루살렘에 제3성전을 세우고자 하는 이스라엘의 기대를 담고 있습니다. 우리는 이 신호를 보면서 성경을 읽고 있습니다.

이스라엘과 이방인과의 관계에서 해답을 찾은 사도 바울의 영성이 깊게 헤아려집니다. 이방인의 충만한 숫자는 첫 번째 지정된 1,260일 전에 끝납니다. 그러면 1,260일은 그야말로 이스라엘의 회복, 구원이 이뤄지는 기간입니다. 이 이스라엘은 마지막 끝에 지정된 또 하나의 1,260일을 위하여 예비된 성도입니다.

바알의 우상으로 물든 북쪽 이스라엘에서 위대한 선지자 엘리야 시대에 남은 자 7,000명과 같습니다. 마지막 시대는 144,000명입니다. 이는 이스라엘의 충만한 숫자입니다. 그들은 순교자입니다. 남은 1,260일 동안 큰 환난으로 교회를 핍박할 때에 일사각오의 믿음을 보여준 순교자들입니다.

마라나타

"아멘. 주 예수님, 어서 오시옵소서!"
초대교회에서 아주 강렬한 인사로 'Maranatha'는 아람어를 헬라어로 표현한 것이고 영어로 'Our Lord, come'입니다. 이는 '예수님, 어서 오십시오'라는 의미입니다.

> "이것들을 증언하신 이가 이르시되 내가 진실로 속히 오리라 하시거늘 아멘 주 예수여 오시옵소서 주 예수의 은혜가 모든 자들에게 있을지어다 아멘"(계 22:20-21).

이것은 이제부터 시작해야 할 인사이자, 마지막 시대에 신앙의 정체성입니다. 이 고백은 미래를 확실하게 만듭니다.

미약한 것 같으나 강하고, 없는 것 같으나 너무 풍성하고 행복한 고백입니다. 하나님은 인류의 모든 길을 주목하고 계십니다. 이는 2막으로 집중하고 마칠 것입니다. 인류의 1막은 일곱 역사에 집중되어 있습니다. 그리고 인류의 2막은 천 년 역사에 집중되어 있습니다.

인류는 예수님이 다시 오시지 않은 시대에 무엇을 이룬 것이 없습니다. 크게 행복한 삶, 무병장수의 삶, 죽음이 없는 삶을 추구하였지만 오히려 전쟁이 난무하고, 권력에 취하며, 의와 평화는 더 멀어졌습니다.

처음부터 지정된 인류 역사에서 일곱 번의 역사는 아예 타락한 세상 나라로 일곱째 제국을 규정해버립니다. 여섯 번째까지 세상 나라이지만 종합해서 일곱 번째 역사를 특별히 규정해서, 세상 나라이며 큰 성 바벨론이라고 악의 축으로 규정합니다. 이 얼마나 큰 세력이며, 최악의 세계인지 미리 복음서에 기록하였으니 삼가 주의해야 합니다.

하나님은 두 가지 약속을 하셨고 그 약속을 실행하고 계십니다. 그것이 구원과 통치입니다. 오직 예수님을 통하여 이루기를 원하십니다. 그래서 첫 번째 오신 초림의 경우에 죄에 대한 구원자로 오셨고, 다시 오실 재림의 경우에 의에 대한 통치자로 오십니다.

그렇기에 처음에는 가시 면류관을 쓰셨고, 나중에는 만왕의 왕의 면류관을 쓰고 오십니다. 역사적으로 보면 다섯째 제국인 로마제국 제1대 황제 때 오셨으니 세상 나라이고, 일곱째 제국 끝에서 적그

리스도 황제 때 오실 것이니 세상 나라 끝에 오시는 것입니다. 그 세상 나라를 심판하십니다. 요한복음에서 예수님이 하신 말씀의 뜻을 이해하기 바랍니다.

"예수께서 대답하시되 내 나라는 이 세상에 속한 것이 아니니라 만일 내 나라가 이 세상에 속한 것이었더라면 내 종들이 싸워 나로 유대인들에게 넘겨지지 않게 하였으리라 이제 내 나라는 여기에 속한 것이 아니니라"(요 18:36).

이 세상에 대한 정의는 빌라도가 유대의 총독으로 있는 세상이고, 로마황제 가이사의 나라이며, 다섯째 역사의 세상 나라입니다. 예수님의 나라는 일곱째 역사 이후에 있습니다. 이 구별이 분명해져야 합니다.

이 지정된 다섯 번째 역사는 복음의 시작점이고, 여섯 번째 역사는 재난의 시작점이며, 일곱 번째 역사는 재앙의 시작점이지만 이 모든 중심은 이스라엘과 교회를 위한 위대한 역사를 이뤄가는 것입니다. 그것이 첫째 부활자와 예수님의 나라에 참여하는 거룩한 복을 보여주고 미래를 준비하게 합니다. 우리의 미래는 확실히 밝고 아름다우며 영화로우며 영광스럽습니다.

마라나타의 고백은 교회의 고백입니다.
마지막 끝이 어떻게 완성되는지를 아는 자의 고백입니다. 이 끝의 세밀한 절차를 모른 채 마라나타란 있을 수 없습니다. 마라나타, 이것은 능력입니다. 이것은 환희입니다. 이보다 큰 소망이 세상에는 없습니다.

"그리스도는 하나님의 집을 맡은 아들로서 그와 같이 하셨으니 우리가 소망의 확신과 자랑을 끝까지 굳게 잡고 있으면 우리는 그의 집이라"(히 3:6).

두 번째 책을 출판할 때에 근자에 요한계시록에 대한 책을 쓰는 분들이 많다는 소식에 반가웠습니다. 어떻게 해서든 교회와 목사님들이 이 요한계시록 말씀에 집중해야 합니다. 그 계기를 마련하고 싶을 뿐입니다. 저의 글을 통하여 확신을 갖게 되면 더 전문적으로 목회자들이 쓸 것이니 저의 역할은 축소될 것입니다. 그렇게 되길 기도합니다.

이 글을 수정할 때에 이미 두 번째 책은 출판되었습니다. 《요한계시록을 풀어 쓴 시(詩)》의 후편인 2021년 《하나님의 소원》입니다. 이제 그 세 번째 책이 《예수님의 나라》이며 이 소망과 자랑을 널리 알릴 것입니다.

마라나타, 예수님이 다시 오시는 것을 기대하며 믿음의 경주를 함께하는 모든 분들에게 처음처럼 끝도 아주 섬세하신 하나님의 성품을 전하며 어떻게 시작하시고 어떻게 완성하시는지를 24주제로 다뤘습니다.

이것으로 큰 그림을 제시하였고 더 자세히 각 장 각 절의 강해를

2017년부터 2019년까지 페이스북에서 21세기성경연구원과 열린문선교회를 통하여 게재하고, 첫 번째 완성을 하였습니다. 모두 404구절입니다.

2021년 더 섬세하게 하고 싶은 마음이 들어 다시 시작하였습니다. 여기엔 위 두 그룹과 새롭게 만든 요한계시록을 풀어 쓴 시(詩) 그룹에 매번 자세히 올리고 있습니다.

매일의 강해마다 주께서 은혜를 더해 주시기를 기도합니다. "마라나타, 주 예수님, 어서 오세요"라는 막연함이 아니라 구체적으로 말씀을 따라 그려지기를 바랍니다. 더 깊게, 더 확실하게 우리의 고백이자 정체성이 세워지길 기도합니다. "아멘. 주 예수님, 어서 오시옵소서!"

사도 바울의 고백도 이와 같습니다.

"나 바울은 친필로 너희에게 문안하노니 만일 누구든지 주를 사랑하지 아니하면 저주를 받을지어다 우리 주여 오시옵소서 또는 우리 주께서 임하셨도다 주 예수 그리스도의 은혜가 너희와 함께하고 나의 사랑이 그리스도 예수 안에서 너희 무리와 함께할지어다"(고전 16:21-24).

"우리 주여, 오시옵소서!" 마라나타입니다. 이것이 우리의 고백이니 아멘인 것입니다.

요한계시록과 구원⑴

로마서는 예수 그리스도와 우리의 관계를 다음과 같이 선언했습니다.

"누가 우리를 그리스도의 사랑에서 끊으리요 환난이나 곤고나 박해나 기근이나 적신이나 위험이나 칼이랴"(롬 8:35).

우리와 그리스도와의 관계는 영원한 것입니다. 우리는 영원하기 어렵지만 예수 그리스도는 영원하시기에 영원토록 이끄십니다. 어떻게 이끄십니까? 가장 혹독한 상황을 보겠습니다.

"기록된 바 우리가 종일 주를 위하여 죽임을 당하게 되며 도살당할 양같이 여김을 받았나이다 함과 같으니라"(롬 8:36).

이러한 환경 가운데, 큰 환난 가운데 있을 때에도 이길 힘을 주십니다.

그것이 사랑입니다. 우리를 사랑하시는 예수님으로 말미암아 능히 이깁니다. 이 실례로 마지막 시대에 즈음하여 적그리스도의 천하 1,260일 동안의 고난에서도 절대적으로 이길 힘을 주십니다. 비록 실패한 다섯 처녀라 해도 큰 환난에서 이길 힘을 주시고 첫째 부활자의 영광을 덧입혀 주십니다. 그래서 정결한 신부로 세워주십니다.

"그러나 이 모든 일에 우리를 사랑하시는 이로 말미암아 우리가 넉넉히 이기느니라"(롬 8:37).

열 처녀의 비유는 구원에 관한 것이 아닙니다. 마지막 시대에 깨어 있는 자와 그렇지 않은 자의 내용을 말하고 있습니다. 지혜로운 다섯 처녀는 천국에 가고, 미련한 다섯 처녀는 지옥에 가는 그런 이야기가 아닙니다. 예전 가나안을 천국이라 하는 모세의 천국 낙오설은 참으로 어리석은 자의 해석인 것입니다. 그런데 모를 때는 모순이 생겨도 그냥 넘어갔습니다.

요즘에 칼빈 지옥설이니, 장로교의 구원에 대하여 자꾸 흠집을 내는 어리석은 주장은 마치 예수님의 구원을 비하하는 어리석은 자들의 논쟁과 같습니다. 국민일보에 게재한 개인 사설을 참고로 했습니다.
로마서는 우리의 구원에 큰 확신을 심어 줍니다.
이제 와서 왜 뜬금없이 구원에 대하여 의심하게 만드는지, 요한계시록의 관점에서 정리해 보겠습니다. 이는 끝이라는 관점에서 보기에 중간의 어수선한 내용이 정리될 것입니다. 우선 성령과 모독이라는 사건을 보겠습니다.

교회의 탄생과 더불어 아주 중대한 사건이 발생합니다. 사탄에게 속아서 성령을 속이고 시험한 아나니아와 삽비라 부부의 경우입니다. 과연 그들의 구원이 취소된 것일까요? 만일 성령을 거스르고 육체를 따라 행하면 그렇게 한 모든 자들의 구원이 취소될까요? 고린도 교회에서 일어난 아버지의 아내를 취한 자식의 음행에 대하여도, 그의 구원이 취소될까요? 이러한 허다한 사례들이 교회에서 일어날 때에 구원에 대한 흔들림 없는 태도가 중요합니다. 우선 그 결과로 보면 아나니아와 삽비라는 장수를 누리지 못하고 죽습니다. 고린도 교회는 그 몹쓸 자식을 출교시킵니다.

하나님의 공의는 신자나 불신자나 동일하게 적용됩니다. 죄를 지었으면 당연히 벌을 받는 것은 동일합니다. 그러나 여기서 불신자가 선을 행하면 구원을 받을까요? 그렇지 않습니다. 구원은 아니지만 선에 따른 하나님의 공의는 그대로 나타납니다. 반대로 신자가 악을 행하면 구원이 취소되나요? 그렇지 않습니다. 그대로 악에 대한 대가를 지불하게 됩니다. 그것이 고난이고, 환난입니다. 큰 환난으로 개인사는 죽고, 이스라엘처럼 공적인 일이 있을 때는 멸망하다 다시 회복하는 것입니다.

비록 성령을 속이고, 시험하고, 육체의 행위를 따라 잘못을 저질렀어도 하나님의 공의는 그 심은 대로 결과를 얻게 하지만 구원에는 절대로 흠집을 내지 않습니다. 마태복음으로 넘어갑니다. 그만큼 예수님의 십자가 구원은 완벽한 것입니다.

> "그러므로 내가 너희에게 이르노니 사람에 대한 모든 죄와 모독은 사하심을 얻되 성령을 모독하는 것은 사하심을 얻지 못하겠고 또 누구든지 말로 인자를 거역하면 사하심을 얻되 누구든지 말로 성령을 거역하면 이 세상과 오는 세상에서도 사하심을 얻지 못하리라"(마 12:31-32).

예수님께서 위 말씀을 하시면서 지목한 대상은 누구입니까? 바로 독사의 자식들이라고 대노하신 대상들입니다. 이 사람들은 성령을 모독하는 자들이고, 말로 거역하는 자들입니다. 도대체 누구를 지목하고 있습니까? 절대로 우리를 말하는 것이 아닙니다. 요한계시록에는 아예 지목한 대상들이 있습니다. 그들이 진짜로 성령을 모독하는 자들입니다. 그들에게 구원은 없으며, 그들에게 자비란 없습니다.

첫째로 마귀입니다. 밤낮 참소(남을 헐뜯어, 없는 죄를 있는 것처럼 꾸며서 고해바치는 것)하던 자입니다. 그는 성도를 박해하는 자이고, 마지막 결전에서 하나님의 계명을 지키며 예수님의 증거를 가진 자들과 싸우려는 자(계 12:17)입니다. 그 결과 비참하게 패하고 지옥에 던져지는 자입니다.

> "또 그들을 미혹하는 마귀가 불과 유황 못에 던져지니 거기는 그 짐승과 거짓 선지자도 있어 세세토록 밤낮 괴로움을 받으리라"(계 20:10).

둘째로 바다에서 나온 짐승입니다. 그는 적그리스도이며, 일곱 머리에 항상 신성모독하는 이름들로 가득(계 13:1)합니다. 그는 과장하며 신성모독하며 1,260일(마흔두 달) 동안 이 짓을 벌입니다. 하늘을 비방하고 성도를 향하여 싸웁니다. 그래서 큰 환난으로 몰아가는 절대로 용서받을 수 없는 존재입니다. 그 결과로 적그리스도는 지옥 불(계 20:10)에 던져집니다.

"짐승이 입을 벌려 하나님을 향하여 비방하되 그의 이름과 그의 장막 곧 하늘에 사는 자들을 비방하더라 또 권세를 받아 성도들과 싸워 이기게 되고 각 족속과 백성과 방언과 나라를 다스리는 권세를 받으니 죽임을 당한 어린 양의 생명책에 창세 이후로 이름이 기록되지 못하고 이 땅에 사는 자들은 다 그 짐승에게 경배하리라"(계 13:6-9).

셋째로 땅에서 나온 짐승입니다. 그는 거짓 선지자입니다. 그는 어린 양같이 두 뿔로, 기독교처럼 위장하지만 용(마귀)처럼 말을 하는 자입니다. 그는 세상을 미혹하는 자입니다. 짐승의 우상을 만들게 하고, 짐승의 표를 받게 하는 자입니다. 이런 악한 주인공은 구원을 말할 필요도 없거니와 비참하게 지옥(계 20:10)에 떨어집니다.

넷째로 저들과 연합한 자들입니다. 그 짐승과 땅의 임금들과 그들의 군대들(계 19:19)이며, 짐승의 표를 받은 자들과 짐승의 우상에게 경배하는 자들입니다. 그들은 마지막 시대에 살고 있는 인류 삼분의 일에 해당(계 9:15)합니다.

"또 내가 보매 그 짐승과 땅의 임금들과 그들의 군대들이 모여 그 말 탄 자와 그의 군대와 더불어 전쟁을 일으키다가 짐승이 잡히고 그 앞에서 표적을 행하던 거짓 선지자도 함께 잡혔으니 이는 짐승의 표를 받고 그의 우상에게 경배하던 자들을 표적으로 미혹하던 자라 이 둘이 산 채로 유황불 붙는 못에 던져지고 그 나머지는 말 탄 자의 입으로부터 나오는 검에 죽으매 모든 새가 그들의 살로 배불리더라"(계 19:19-21).

성령을 모독하는 자는 영원히 사함을 받지 못합니다. 절대로 구원을 받을 수 없고, 영원한 불의 형벌을 받습니다. 그들이 독사의 자식들입니다. 마귀와 적그리스도와 거짓 선지자와 및 그들과 연합한 열 민족들, 그리고 짐승의 표와 짐승의 우상을 숭배하는 인류 삼분의 일은 절대로 구원을 받을 수 없습니다. 그렇다면 우리에게 그 가능성이란 전혀 없는 것입니다.

구원이란 영원한 속성입니다. 나의 힘에 의하지 않고 예수님의 십자가 보혈에 있습니다. 그의 영원한 신성에서 흘린 피는 절대로 흐려지지 않습니다. 구원받은 성도에게 있어 잘못된 행위는 회개의 기회를 주십니다. 그리고 시련을 주시며, 고난과 환난을 통하여 새롭게 되기를 바라십니다.

그래도 깨닫지 못하면 죽음으로 끝냅니다. 그러나 기독교의 부활관이 선명하기에 낙원에서 부활의 날을 기다리는 축복이 있습니다.

예수님께 초청을 구하던 낙원에 있는 강도에게는 첫째 부활의 복은 없으나, 지옥의 형벌도 없습니다. 반대로 선한 성도에게는 첫째 부활자의 복이 있습니다. 이것은 다시 살아나서 예수님의 재림을 맞이하고 예수님의 나라에서 천 년을 살다가 천국에 가는 거룩한 복인 것입니다.

칼빈의 교리 중 다섯 번째 성도의 견인(굳게 참고 견딤/ perseverance of the saint)은 참으로 아름다운 교리입니다. 알미니안의 탈락 가능성(the possibility of a lapse from grace)은 깨어 있으라는 뜻에 아주 적합한 적용이며 표현이라고 생각합니다.

마지막 시대에 있어 탈락의 가능성이 있는 자들은 다음과 같습니다.

첫째로 마지막 시대의 요청에 따른 성령의 음성을 외면하는 자는 참으로 난감합니다.

"또 내가 사망으로 그의 자녀를 죽이리니 모든 교회가 나는 사람의 뜻과 마음을 살피는 자인 줄 알지라 내가 너희 각 사람의 행위대로 갚아 주리라"(계 2:23).

"귀 있는 자는 성령이 교회들에게 하시는 말씀을 들을지어다"(계 2:29).

둘째로 예수님이 직접 증명한 이 요한계시록의 말씀을 외면한다면, 참으로 어려울 것입니다.

> "자기 두루마기를 빠는 자들은 복이 있으니 이는 그들이 생명나무에 나아가며 문들을 통하여 성에 들어갈 권세를 받으려 함이로다…나 예수는 교회들을 위하여 내 사자를 보내어 이것들을 너희에게 증언하게 하였노라 나는 다윗의 뿌리요 자손이니 곧 광명한 새벽 별이라 하시더라"(계 22:14-16).

셋째로 창조주 하나님께서 반드시 일어날 일들에 대하여 말씀하신 것을 외면하면 미래를 준비할 수 없습니다. 반드시 속히 일어날 일들입니다. 이것을 모르면 교회는 영적 지도력을 발휘할 수 없습니다.

> "또 그가 내게 말하기를 이 말은 신실하고 참된지라 주 곧 선지자들의 영의 하나님이 그의 종들에게 반드시 속히 되어질 일을 보이시려고 그의 천사를 보내셨도다 보라 내가 속히 오리니 이 두루마리의 예언의 말씀을 지키는 자는 복이 있으리라 하더라"(계 22:6-7).

마지막 시대에서 탈락의 가능성이 있는 자들은 구원의 관점이 아니라 큰 환난에 던져지게 됩니다. 이는 고난, 시련 중에서 가장 높은 단계의 공의입니다.

그렇다고 해도 역시나 큰 환난에서 승리할 것을 예고하십니다. 이 것이 교회의 깨어 있음에 대한 구체적인 실례인 것입니다. 요한계시록 7장에서 결론을 먼저 보여줍니다. 각 나라와 족속과 백성과 방언에서 아무도 능히 셀 수 없는 큰 무리(계 7:9)가 흰 옷을 입었습니다. 그들은 승리자의 감격을 누립니다. 그들이 바로 탈락 가능성에 있던 자들입니다.

"내가 말하기를 내 주여 당신이 아시나이다 하니 그가 나에게 이르되 이는 큰 환난에서 나오는 자들인데 어린 양의 피에 그 옷을 씻어 희게 하였느니라"(계 7:14).

예수 안에 있는 자는 결코 버림받지 않습니다. 성경의 특이한 경향은 미리 기록한 자들에 대한 결론에 있습니다. 사탄, 적그리스도, 거짓 선지자, 짐승의 표를 받은 자들 그리고 가룟 유다와 불신자들이 있습니다. 그들 외에는 성도들 가운데 구원에 대하여 다시 생각할 여지가 전혀 없습니다. 다만 탈락의 가능성에서 상급의 차이와 형벌의 차이는 있습니다.

요한계시록과 구원(2)

　신천지에 관련한 사람들을 만나면 불쌍한 마음이 들다가도 화가 치밀어 오릅니다. 이단에 대한 한두 번 훈계한 외에는 멀리하는 것이 유익한 것 같습니다. 우선 그들은 구원에 대한 이해가 없습니다. 교인이라고 하면 우선적으로 구원에 대한 정의가 확립되어야 하는데, 도대체 무엇을 배웠는지 모를 정도로 그 기초가 전혀 없습니다.

　구원이란 예수님이 그리스도이심을 고백하고 영접한 사실에 근거를 둡니다. 이 사실은 믿음이기에 하나님의 영원한 관점으로 보는 것입니다. 우리의 생각보다 더 깊고 영원한 가치를 부여한 것이 믿음입니다. 우리의 믿음이 흔들릴 때도 있겠지만, 이는 구원에 대한 것이 아니며 하나님의 약속이기에 변하지 않는 것입니다. 이는 예수님이 길이요, 진리요, 생명이요, 부활이요, 영생이기에 이 모든 진리를 예수님 안에서 발견하고 영접하면 하나님의 자녀가 되는 것입니다.

"하나님이 세상을 이처럼 사랑하사 독생자를 주셨으니 이는 그를 믿는 자마다 멸망하지 않고 영생을 얻게 하려 하심이라"(요 3:16).

예수님 안에서는 지옥 가지 않고 천국에서 영생하는 보장을 받습니다. 그런데 이 예수님을 비하 또는 폄하하는 사악한 사람들이 모인 집단이 바로 신천지입니다. 그들이 요한계시록을 구원으로, 천국으로 삼아 미혹하고 있으니 어처구니없습니다.

그 대표적인 구원의 조건으로, 천국의 조건으로 내세운 것이 신천지의 144,000명이라고 주장합니다. 예수님이 그리스도라는 사실보다 이 황당한 해석으로 예수님을 대체하는 어리석은 주장은 일고의 가치도 없는 것입니다. 그래서 이단입니다. 잘못을 알고 고치면 되겠지만 구원에 대해서는 여지가 없는 것 같습니다.

요한계시록에서 144,000명은 이스라엘 12지파의 순교자들이고, 생명나무의 길과 새 예루살렘 성은 예수님의 나라를 상징하는 것입니다. 예수님을 믿는 구원받은 하나님의 자녀들이 끝까지 하나님의 말씀과 예수님의 증거로 인하여 핍박을 받거나 죽임을 당하는 그 결과로써의 상급인 것입니다. 요한계시록이라는 하나님의 말씀을 통해 얻는 결론은, 구원의 조건으로 제시한 것이 아니라 구원받은 하나님의 자녀들의 공의에 따른 시련과 상급 그리고 불신자들에 대한 엄중한 심판인 것입니다.

요한계시록은 역사의 이야기입니다. 신앙의 경주에서 그 결론입니다. 구원에 대한 이야기가 아닙니다. 모든 이단들은 예수님을 폄하하면서 구원의 조건으로 요한계시록을 악용하고 있습니다. 예수님께서 말씀하신 바와 같이 미혹되지 말아야 합니다. 요한계시록 말씀도 예수님의 말씀입니다. 그러므로 복음서의 구원론과 다를 수 없습니다. 요한계시록은 역사입니다. 끝을 선명하게 제시한 과거, 현재, 미래의 통합적인 역사이자 신앙의 결산에 대한 이야기입니다.

요한계시록 말씀은 교회의 말씀이자 상급의 말씀입니다. 이 결론에서는 예수님의 재림과 예수님의 나라를 맞이하게 됩니다. 성도는 첫째 부활자를 통하여 예수님의 재림을 맞이하고 창조주 하나님께서 준비하신, 모든 만물을 새롭게 하신 새 창조의 아침을 맞이하여 예수님의 나라에 참여하는 것입니다. 이처럼 빛나고 아름다운 나라를 주시고 그 안에서 천 년의 행복을 누리도록 허락하십니다. 그러고 나면 천국이 열립니다.

구원에 대한 확고한 장로교의 신앙이 존중돼야 합니다. 이것이 흔들리면 교회는 끝입니다. 이 믿음을 갖고 어려운 시대를 살아가는 우리는 미래에 있을 일들을 살피면서 깨어 있는 신앙으로 세워져야 합니다. 그러면 놀라운 세계를 얻게 됩니다. 복음서에 나오는 상급에 대한 모든 개념은 예수님의 나라에서 얻는 것입니다.

"너희는 나의 모든 시험 중에 항상 나와 함께한 자들인즉
내 아버지께서 나라를 내게 맡기신 것같이 나도 너희에게

맡겨 너희로 내 나라에 있어 내 상에서 먹고 마시며 또는 보좌에 앉아 이스라엘 열두 지파를 다스리게 하려 하노라"
(눅 22:28-30).

메타버스와 요한계시록⑴

요한계시록의 말씀에서 아주 선명하게 세상이 목표를 삼고 있는 키워드는 당연히 큰 성 바벨론입니다. 세계를 선도하는 기업, 페이스북은 2021년 10월 28일에 메타로 전환했습니다.

오늘날 땅의 상인들은 무엇을 목표로 하고 있을까요?

그들의 길에서 만나는 큰 성 바벨론에서 영원한 부를 누리고자 하는 것입니다. 이는 마지막 시대의 바벨탑을 이루고자 하는 열망인 것입니다. 그러나 성경의 대답은 선명합니다. 그것은 멸망으로 가는 지름길이라는 사실을 선포합니다.

"힘찬 음성으로 외쳐 이르되 무너졌도다 무너졌도다 큰 성 바벨론이여 귀신의 처소와 각종 더러운 영이 모이는 곳과 각종 더럽고 가증한 새들이 모이는 곳이 되었도다 그 음행의 포도주로 말미암아 만국이 무너졌으며 또 땅의 왕들이 그와 더불어 음행하였으며 땅의 상인들도 그 사치의 세력으로 치부하였도다"(계 18:2-3).

땅의 상인들은 왕족과 같은 대우를 받습니다. 그들은 왕이 될 수 없지만 왕과 함께 누리는 왕족의 부귀를 얻고자 하는 것입니다. 마지막 시대는 땅의 상인들이 큰 성 바벨론 시대를 여는 신호를 보냅니다.

큰 성 바벨론은 두 개의 큰 축을 이루는데 하나는 땅의 상인들이고, 다른 하나는 땅의 왕들입니다. 이는 땅의 임금들과 그들의 군대들이라는 수식처럼 땅의 상인들과 분명히 구분되고 실재하며 반드시 드러날 세력들입니다.

오늘날 그들이 구축하고자 하는 새로운 세상에서 글로벌 플랫폼 비즈니스로 자신들의 가상 세상을 만들어 땅의 사람들을 열광하게 만듭니다. 그 대표적인 기업인 페이스북이, 이제는 메타라는 기업으로 재편하였습니다. 본격적인 상용화의 길을 구축하는 메타버스를 런칭(launching)하였습니다.

땅의 상인들과 달리 땅의 임금들과 그들의 군대들은 열 뿔입니다. 그들은 아직 드러나지 않았습니다. 다만 지정된 1,260일에 일어나 다시 1,260일 안에 선명하게 드러날 것입니다. 땅의 상인들과 땅의 왕들이 큰 성 바벨론에서 치부하여 부와 권력을 누릴 것입니다. 큰 성 바벨론은 적그리스도 정부입니다. 짐승의 왕좌와 그 나라입니다. 그의 천하는 마귀와 거짓 선지자의 역할로 만들어집니다.

"또 다섯째 천사가 그 대접을 짐승의 왕좌에 쏟으니 그 나라가 곧 어두워지며 사람들이 아파서 자기 혀를 깨물고"(계 16:10).

거짓 선지자는 한 명(계 13:1)입니다.
다만 기독교 배경에서 출현하고, 종교권력을 가진 단체에 의해 세워지는데 유대교, 회교, 천주교가 있습니다. 그중에서 천주교 교황은 이런 역할에 제일 강력한 리더십을 가집니다. WCC(세계교회협의회)는 이 길을 열고 있습니다. 공개적인 선포가 미뤄졌지만 아주 가깝습니다.

세상은 지금 거짓 선지자에 의하여 종교통합이라는 하나의 세계를 구축하려고 합니다. 여기에 재난의 시작점이 땅의 사분의 일에서 일어나는 전염병, 큰 지진, 기근이라는 키워드로 지목되고 있습니다.

땅의 재난의 시작점이 시작합니다. 2020년입니다.
이스라엘이 예루살렘으로 수도를 옮깁니다. 이는 2018년 5월 14일입니다.

세상의 과학과 정보와 기술은 이미 2030년과 2050년에 이룰 목표를 설정하고 있습니다. 그 첫 단계인 2030년은 불과 10여 년 남짓합니다. 앞으로 30년 동안에는 실질적으로 성경이 지목한 모든 것들이 드러나 한 뜻과 한 생각을 품게 될 것입니다.

우선 십여 년 가운데 가상세계의 플랫폼은 폭풍 성장할 것이고, 전염병과 큰 지진은 거세게 몰아칠 것입니다. 전쟁도 간간히 일어나고 마침내 기근이 세계를 강타할 것입니다.

이는 성경이 지정한 날, 그날 1,260일 동안에 일어날 일들이 있기 때문입니다. 이사야 선지자의 예언처럼 이스라엘의 영적 회복과 이집트와 이라크의 영적 회복이 있을 것입니다.

하나님의 계획에는 이 첫 번째 1,260일 동안에 이스라엘이 예루살렘 성과 예루살렘 성전을 회복하고, 두 선지자로 하여금 하늘을 닫아 심각한 가뭄으로 세상을 치면서 이스라엘을 준비시키는 것입니다. 그 내용이 요한계시록 7장과 11장 그리고 14장의 내용입니다.

이 시점에 땅의 임금들과 그들의 군대들이 드러납니다. 그들이 열 뿔이고 적그리스도와 연합하여 세상 천하를 누리려 하는 것입니다. 적그리스도, 거짓 선지자, 땅의 상인들의 주축은 모두 유대인입니다. 그들의 히브리어 이름에서 666이란 숫자의 조합으로도 나타나는, 짐승의 이름과 짐승의 숫자입니다. 역사에서 언제나 예수 그리스도에게 저항하는 세력들은 반드시 드러납니다.

신약이 주로 헬라어, 그러니까 그리스어로 기록하고 있으면서 중간중간에 히브리어를 지목하는 이유이기도 합니다. 히브리어로 무저갱에서 출현한 황충 떼의 죽음의 사자를 아바돈(계 9:11)이라고 하고, 다른 장에서는 아마겟돈(계 16:16)을 소개하는 이유이기도 합니다.

이 일 이후에 땅의 상인들이 새로운 세상을 꿈꾸고 결국에는 거짓 선지자와 한 통속이 되어 적그리스도의 하수인으로 전락하는 것은 그들의 세계는 한계와 목표가 뚜렷하기 때문입니다. 땅의 상인들은 돈의 세계에서 왕족과 같은 지위를 누릴 뿐입니다.

다시 정리해봅니다. 이것은 아주 선명합니다.

큰 성 바벨론이고 이는 적그리스도 정부입니다. 땅의 상인들이 오늘은 메타세계를 집중적으로 공략할 것입니다. 땅의 임금들과 군대들은 열 뿔이고, 지정된 두 번째 1,260일에 분명하게 드러납니다. 이스라엘은 예루살렘과 성전을 세웁니다. 이는 첫 번째 1,260일에 완성됩니다. 적그리스도는 두 번째 1,260일에 예루살렘 성전에 앉아 자신을 하나님으로 신격화할 것입니다.

재난의 시작(사분의 일)과 1,260일 사이, 그 간격만큼 남은 것이 우리의 시간대입니다. 이는 복음의 시간대입니다. 아주 짧게 남았습니다.

더 넓게 생각하면 예루살렘 성전 건립과 두 번째 지정된 1,260일에 앞서서 그 남은 시간대가 우리의 마지막 날들입니다. 이 1,260일이 끝나고, 다시 1,260일이 거의 끝날 즈음에 예수님의 재림은 시작됩니다. 우리의 기대와 소망이 참으로 큽니다. 깨어 기도해야 할 이유입니다.

■ 댓글

시대를 분별하여 말씀과 현 상황을 분석하셨네요.

계속 기대가 됩니다. 감사합니다.

메타버스와 요한계시록(2)

마태복음 24장, 데살로니가후서 2장과 요한계시록 6장은 같은 구조이면서 각 특징을 부각하고 있습니다. 마태복음은 예수님의 말씀에 대한 기록이고, 데살로니가후서는 사도 바울의 권면을 기록한 것이고, 요한계시록은 사도 요한이 들은 세계사의 방향에 대한 기록입니다.

마태복음은 미혹에 대한 이야기를 시작으로, 전쟁 이야기, 재난 이야기, 재앙 이야기, 예수님의 재림과 심판에 대한 이야기를 기록하고 있습니다.

데살로니가후서는 미혹에 대한 이야기, 그리고 특별히 막는 자에 대한 이야기, 적그리스도에 대한 이야기를 기록하고 있습니다. 여기서 막는 자는 천사들입니다. 하나님의 때와 시간 그리고 성경에 기록된 대로 완성을 위한 집행이 막는 자의 역할입니다.

"불법의 비밀이 이미 활동하였으나 지금은 그것을 막는 자
가 있어 그중에서 옮겨질 때까지 하리라"(살후 2:7).

21세기 땅의 상인들은 기획, 프로젝트로 새로운 상품을 만들고 있습니다. 이제 막는 것을 여신 것입니다. 이 메타버스의 세계, 가상과 현실의 모호한 경계선에서 구축한 거대한 가상세계로 부의 흐름을 이끌고 있습니다.

또한 땅의 재난의 시작점을 허락합니다.
이는 팬데믹으로 이미 와 있습니다. 우선 전염병이 강세입니다. 누가복음은 세 가지로 압축합니다. 전염병, 기근, 큰 지진이라는 예수님의 말씀을 기록하였습니다. 거기에 일곱 세계사의 입장에서 보면 전쟁도 포함됩니다.

"곳곳에 큰 지진과 기근과 전염병이 있겠고 또 무서운 일과
하늘로부터 큰 징조들이 있으리라"(눅 21:11).

일곱 세계사는 예루살렘을 이스라엘의 수도로 허락합니다. 2018년 5월 14일에 전격적으로 이뤄집니다. 지금은 열린 시기의 아주 작은 부분이지만, 신속하게 확장되고 완전히 충족될 것입니다. 팬데믹의 경우처럼 3년 정도면 전 세계는 이미 세계화가 준비될 것입니다.

요한계시록 4장과 5장을 통하여 천국의 실제와 천국의 계획을 알

게 됩니다. 거기에 일곱 가지 비밀이 열렸습니다. 이는 예수님의 마지막 교훈으로 자세히 가르쳐 주십니다.

간략하게 정리하면 지정된 일곱 정복사와 전쟁의 특징에서 사상이 중심이 되고, 기근과 보호(이스라엘과 교회)라는 특별한 지목이 있고, 재난의 범위가 사분의 일이라는 글로벌 개념(계 6:8)을 지목해 주고, 순교자의 마지막 숫자로 이스라엘 144,000명이 충족되면 마침내 예수님의 재림이 있다는 사실 등등 모든 비밀을 풀어줍니다.

이는 미가엘 천사장의 맹세(계 10:6)에서도 느끼게 됩니다.
만일 이 역사를 마감하며, 재앙이 펼쳐지면 반드시 우리 예수님이 다시 오신다는 결론을 말씀하고 있습니다. 정리하면 제자 누가나 사도 바울이나 사도 요한이 기록한 예수님의 말씀을 통합적으로 보면 그날은 1,260일로 두 번 정하셨고, 그 전에 일정한 조건들이 충족될 때까지 막는 자가 하나님의 때와 상황에서 그 날의 신호를 보고 있는 것입니다. 이렇게 충족되면 열 것이고, 그러면 속히 이뤄진다는 뜻을 암시하고 있습니다.

첫 번째 1,260일 동안 순교자의 준비와 두 번째 1,260일 순교자의 충족은 이 모든 일들의 끝입니다. 그러면 예수님의 재림이 오는 것입니다. 첫 번째 순교자의 준비는 이스라엘의 각성과 변화로 144,000명의 순교자가 준비됩니다. 그 기간은 1,260일이고, 한 때와 두 때와 반 때라고도 합니다. 이 기간에 이스라엘은 완벽하게 준비됩니다.

여기서 완벽한 준비란 모든 유대인의 귀환이 실현되고, 수도 예루살렘이 회복되고, 예루살렘 제3성전이 건립되어 제사를 드리고, 거기에 참 선지자의 출현을 말합니다. 오늘도 이 조건을 충족하기 위하여 세상은 전진합니다.

"다니엘아 마지막 때까지 이 말을 간수하고 이 글을 봉함하라 많은 사람이 빨리 왕래하며 지식이 더하리라"(단 12:4).

우선 참 선지자의 출현은 모세와 엘리야처럼 인정할 만한 선지자를 말하는데, 그들이 복음을 전하며 이적을 행할 것입니다. 죽음이 있으면 삼 일 반 동안 거리에 시체가 방치되어 세상이 이를 목격할 것이고, 그들의 부활과 승천이라는 휴거는 확실한 증거가 될 것입니다.

"하늘로부터 큰 음성이 있어 이리로 올라오라 함을 그들이 듣고 구름을 타고 하늘로 올라가니 그들의 원수들도 구경하더라"(계 11:12).

그때에 더 확실한 증거로 예루살렘에 큰 지진이 나서 십분의 일이 무너지고 7,000명이 죽습니다. 이처럼 선명한 하나님의 증거(계 11:12-13)이며, 진리인 것입니다.

지금 첫 단계로 미혹을 조심해야 합니다.
모든 이단들은 요한계시록의 말씀을 왜곡하여 구원에 이르는 수단과 방법으로 악용하여 미혹할 것입니다. 이제 우리 시대는 막는 자의 역할에서 조금씩 열고 있습니다. 세상의 물결이 점점 거세집니다. 이스라엘은 언제나 모든 길에 있어서 신호입니다.

마지막 시대에 남은 자인 이스라엘은 두 선지자의 예언사역에서 회개하고 돌아올 것입니다. 그들은 하나님 아버지와 어린 양 예수님께 순종하는 자들입니다.

> "또 내가 보니 보라 어린 양이 시온 산에 섰고 그와 함께 십사만 사천이 서 있는데 그들의 이마에는 어린 양의 이름과 그 아버지의 이름을 쓴 것이 있더라"(계 14:1).

아버지 하나님의 이름으로, 어린 양 예수님의 이름으로 영접한 이스라엘이 교회를 위한 순교자의 길을 걷습니다. 그것은 남은 자의 마지막 헌신입니다. 오직 역사적으로 이스라엘 12지파에게 주어진 영광입니다. 그러면 만물을 회복하실 것입니다.

> "하나님이 영원 전부터 거룩한 선지자들의 입을 통하여 말씀하신 바 만물을 회복하실 때까지는 하늘이 마땅히 그를 받아 두리라"(행 3:21).

■ 댓글

감사합니다.

시대를 알리는 등불입니다. 힘내세요!

메타버스와 요한계시록⑶

마지막 시대, 두 번째 지정된 1,260일에 무엇이 일어날까요?

이스라엘은 창조주 하나님과 만왕의 왕 예수님에 대한 아주 확고한 믿음을 갖고 하나님의 명령과 예수님의 증거를 가지고 교회에 합류하여 큰 환난에 대응합니다. 그들은 진정으로 남은 자이고, 비유에서 방탕한 탕자이며, 미련한 다섯 신부인 것입니다.

이런 준비가 갖춰지면 모세 시대 애굽에 내린 열 번의 재앙들처럼 마지막 시대는 처음에 일곱 나팔에 담긴 재앙들을 당하게 됩니다. 그러나 이 재앙의 대상은 적그리스도와 거짓 선지자 그리고 그들과 연합한 왕들과 군대들이고, 땅의 상인들이 점령한 세계와 땅의 사람들, 이마와 오른손에 짐승의 표를 받은 자들에게 집중적으로 쏟아집니다.

성경의 말씀은 이 재앙들을 어떻게 열거하고 있을까요?
우선 요한계시록 8장과 9장의 내용에 근거해 봅니다.

곧 피 섞인 우박과 불로 땅의 삼분의 일을 초토화시킵니다. 불과 피, 우박으로 시작하여, 불이 붙는 큰 산이 바다의 삼분의 일을 삼킵니다. 모든 활화산이 터집니다. 횃불같이 타는 유성이 떨어져 강들과 물 샘의 삼분의 일을 쓴 쑥으로 변질되게 만듭니다. 또한 태양과 달과 별들의 삼분의 일을 타격해서 낮과 밤을 바꾸며 심각한 재앙들로 치는 것입니다.

재앙이 심하고 클수록 악의 무리들은 더욱 이스라엘과 교회를 핍박하여 재산을 빼앗고 죽이며 온갖 만행을 저지릅니다. 그래서 더욱 강력한 재앙으로 무저갱에서 황충 떼를 불러다 150일 동안 전갈의 고통을 가합니다. 이때에 저들의 상태는 미치기 일보 직전이 됩니다. 자연스럽게 귀신의 영들에 휩싸여 사악하게 변질됩니다. 마치 좀비처럼 움직입니다.

"그러나 그들을 죽이지는 못하게 하시고 다섯 달 동안 괴롭게만 하게 하시는데 그 괴롭게 함은 전갈이 사람을 쏠 때에 괴롭게 함과 같더라 그날에는 사람들이 죽기를 구하여도 죽지 못하고 죽고 싶으나 죽음이 그들을 피하리로다"(계 9:5-6).

그래도 교회에 대한 핍박과 마지막 144,000명의 준비된 순교자들을 죽음으로 몰아갑니다. 그럴수록 재앙은 더욱 거세져 최후의 일격으로 다시 일곱 대접의 재앙으로 칩니다. 그러면 짐승의 표를 받은 자들은 악성 종기와 상처로 비참하게 되고, 마침내 적그리스도의 정부가 멸망하고 끝내는 아마겟돈으로 악의 세력들이 모두 집결하여 최후의 전쟁을 치릅니다.

그 시점에 공중에 모인 재림하신 예수님과 만만 천천의 천사들 그리고 휴거로, 부활로 참여한 모든 성도를 대상으로 최후의 전쟁(계 16:16)을 일으킵니다.

"볼지어다 그가 구름을 타고 오시리라 각 사람의 눈이 그를 보겠고 그를 찌른 자들도 볼 것이요 땅에 있는 모든 족속이 그로 말미암아 애곡하리니 그러하리라 아멘"(계 1:7).

이 전쟁의 결과는 참으로 참혹합니다. 적그리스도와 거짓 선지자는 영벌의 지옥으로 던져지고, 거기에 참여한 자들은 비참한 죽음과 함께 무저갱의 고통 속으로 던져집니다. 마귀는 하늘의 쇠사슬에 묶여 천 년간 무저갱 독방에 던져지고 잠가 아예 봉인해 버립니다. 무저갱에서 일천 년의 고통을 겪게 됩니다.

그러므로 마귀와 귀신들이 이 세상에서 자취를 감춥니다. 모두 무저갱에 감금되어 이 세상에 대한 미혹을 할 수 없게 됩니다. 처참하게 황폐화된 삼분의 일 이상의 세계는 창조주 하나님의 창조의 선언으로 새롭게 변합니다.

"보좌에 앉으신 이가 이르시되 보라 내가 만물을 새롭게 하노라 하시고 또 이르시되 이 말은 신실하고 참되니 기록하라 하시고"(계 21:5).

그러면 천국에서 준비된 새 예루살렘 성이 옛 에덴에 내려와 세워지는데 12문에, 144규빗의 성곽에, 12,000스다디온의 면적으로 채워집니다. 이것이 성도들의 진이며, 사랑하시는 성으로 바로 예수님의 나라인 것입니다.

이런 새로운 변화에 찬란한 영광으로 예수님과 함께 공중에서 내려와 천 년의 부활의 삶을 살아가고 그 끝에서 천국에 들어가는 행복이 주어집니다. 이것이 성도의 큰 상급이고, 교회의 완성인 것입니다.

교회는 천국의 모습대로 땅에서 이루고, 천국에 가서 영생복락을 누립니다. 여기서부터 비로소 천국인 것입니다. 인생에게 부여된 생명, 능력, 마음 그리고 육체까지 영생을 이룹니다. 이 위대한 길에 우리가 서 있습니다.

반대로 불신과 저항은 비참한 죽음과 무저갱의 고통이 예비됩니다. 그 후에는 영원한 지옥에서 영원한 고통을 맛보게 됩니다. 이는 참으로 비참한 인생인 것입니다.

메타버스와 요한계시록(4)

눈으로 세계를 봅니다. 이는 우리 시대에 물질세계를 탐하는 바벨과 같습니다. 우리는 마지막 시대에 믿음과 가상이라는 교차점에 서서 성경의 말씀과 세상을 점검해 보게 됩니다. 교회는 이 시대에 역사성을 찾아야 합니다.

Meta(메타)의 뜻은 여러 면이 있으나 성경의 기록과 같이 '이 일 후에', Universe(유니버스) 세계로, 그리스어로 같은 선상에서 현실과 성경이 지목한 '이 일 후'와 동일한 표현입니다. 성경의 말씀과 비교하며 시대의 흐름을 살펴봅니다.

눈은 전도서의 지적처럼 만족하지 못하는 몸의 지체에서 가장 예민한 부분입니다. 눈은 노년이 되면 더 아름답고, 더 깊고 우아한 세계를 동경합니다. 성경은 세 가지 면에서 세 개의 눈을 기록하고 있습니다.

세상의 눈/천사의 눈/예수님의 눈

성경이 지목한 눈은 시대의 흐름과 각 시대를 읽을 수 있는 안목을 깊이 있게 보여줍니다. 가끔 보는 달러에 하나의 상징이 있는데 그것이 바로 눈입니다. 이는 많은 음모론을 만들고 있습니다. 어쩌면 일리가 있기도 합니다. 이 눈은 돈의 세계를 본다는 것이고, 지배한다는 암시를 담고 있는 듯합니다.

우선 다니엘서와 요한계시록에서의 눈은 열 뿔을 봅니다.

이 열 뿔은 성경이 지정한 날, 1,260일과 1,260일 안에서 존재를 확실히 드러낼 적그리스도와 연합하는 나라들입니다. 이 나라들의 특징은 민족의 형태로 있고, 아직 나라를 얻지 못한 상황으로 말하고 동방에서 오는 왕들이라고도 말합니다. 이는 가만히 살펴봐야 할 시대의 신호인 것입니다.

다니엘서에 열 뿔은 다니엘 시대를 기준으로 일곱 세계사 중에서 네 제국과 관련하여 일어날 일들에 대한 예언입니다. 이는 바벨론 제국에서 헬라 제국까지 네 제국에 일어난 일들 가운데 속한 이야기입니다. 그 한계가 명확합니다.

> "네가 본 바 두 뿔 가진 숫양은 곧 메대와 바사 왕들이요 털이 많은 숫염소는 곧 헬라 왕이요 그의 두 눈 사이에 있는 큰 뿔은 곧 그 첫째 왕이요"(단 8:20-21).

이 큰 뿔은 헬라의 알렉산더 대왕을 말합니다.

이 역사의 이해를 바탕으로 열 뿔 가운데 셋이 뽑히고, 이어 특이한 한 뿔에서 눈과 입이 드러납니다. 이는 교만과 비방, 신성모독을 저지르는 작자임을 지적하고 있습니다. 이것은 헬라 제국에서 찾아낸 안티오코스 4세 에피파네스라고 해석하는데 아주 적절합니다.

> "또 그것의 머리에는 열 뿔이 있고 그 외에 또 다른 뿔이 나오매 세 뿔이 그 앞에서 빠졌으며 그 뿔에는 눈도 있고 큰 말을 하는 입도 있고 그 모양이 그의 동류보다 커 보이더라"
> (단 7:20).

그는 우선 이스라엘과의 관계에서 강대한 헬라 제국이고 그 안에서 이스라엘의 종교를 핍박한 대표적인 인물입니다. 그때에 유다스 마카베우스는 헬라 세력을 물리치고 예루살렘과 성전을 정결하게 한 인물입니다. 이 사건을 기념하여 매년 12월에 지키는 하누카(Hanukkah)는 유대인에게 새롭게 지정된 절기입니다.

이스라엘은 네 제국에서 두 개의 절기를 갖습니다.
하나는 바벨론 제국에서 일어난 부림절이고, 하나는 헬라 제국에서 일어난 하누카입니다. 이스라엘은 여전히 이 두 절기를 기념하고 있습니다.

헬라 제국은 글로벌 감각이 있습니다.
알렉산더 대왕의 정책에서도 볼 수 있듯이 헬라 문화와 철학이 깊이 담겨 있습니다. 그래서 이집트의 알렉산드리아 도시에 가장 큰 도서관을 지었다고 전합니다. 성경도 이때에 헬라어로 번역되어 오늘에 이릅니다. 이것이 눈의 상징에서 가장 뛰어난 해석입니다.

그러나 전체적으로 보면 열 뿔에 담긴 다니엘서의 한 뿔에 새겨진 눈은 세상을 여는 지식의 눈이요, 헬레니즘의 세계이고, 지속적으로 여는 르네상스의 눈이고, 자본주의의 눈이요, 교만의 눈이요, 멸망의 눈입니다.

그런데 세상이 도모하는 길만 있는 것이 아닙니다. 천사들의 눈이 있습니다. 천사는 사람의 모습을 한 미가엘 천사장과 가브리엘 천사를 제외하면 모두 날개가 있습니다. 그중에서 스랍 천사들과 그룹 천사들은 여섯 날개가 있고, 네 날개가 있습니다. 요한계시록에서 나온 스랍 천사들은 여섯 날개이며 각 날개에는 눈들이 가득하다는 사실을 말하고 있습니다.

> "네 생물은 각각 여섯 날개를 가졌고 그 안과 주위에는 눈들이 가득하더라 그들이 밤낮 쉬지 않고 이르기를 거룩하다 거룩하다 거룩하다 주 하나님 곧 전능하신 이여 전에도 계셨고 이제도 계시고 장차 오실 이시라 하고"(계 4:8).

스랍 천사들은 천국에서 일어난 일들의 증인입니다. 그중에서도 세상사에 관한 일곱 비밀이 예수님의 대관식과 함께 밝혀진 것을 알고 찬양하고 있습니다. 창조주 하나님의 계획과 뜻은

역사의 과거, 현재, 미래까지 확실하게 증거되고 성취된다는 사실을, 쉼 없이 역사를 견인하고 있다는 사실을 밝혀줍니다.

스랍 천사들의 날개와 그 안팎의 눈들은 정확하게, 신속하게 하나님의 계획을 실행하는 모습을 보여줍니다. 세상의 눈이 만들어가는 역기능을 그대로 방치하지는 않습니다. 천사들의 날개가 참으로 바쁩니다.

오늘의 세계는 지식, 정보, 과학, 기술에서 최고 수준에 달한 인공지능과 가상현실의 기능과 줌의 기능과 각종 어플의 기능을 집결하여 거대한 플랫폼 세계를 구축하면서 전진하고 있습니다. 이 방향을 하나로 협업하는 것에 과제를 두고 있습니다.

한 번은 두 선지자의 1,260일 예언기간 동안 셧다운 될 것이고, 또 한 번은 1,260일 재앙들 가운데 무너지다 만왕의 왕 예수님의 재림으로 무너질 큰 성 바벨론과 같습니다. 철장으로 질그릇을 깨뜨리는 것처럼 부서져 흔적도 없이 사라질 것입니다.

그러므로 가장 중요한 눈은 상징에서 보면 역시나 어린 양의 일곱 뿔과 일곱 눈에 있습니다. 일곱 뿔은 일곱 비밀과 그 안에 지정된 일곱 세계사를 주관하시는 만왕의 왕이자, 만주의 주이심을 보여줍니다.

간략하게 일곱 제국 또는 일곱 세계사는 바벨론, 메대, 바사, 헬라이고, 로마, 자본주의, 적그리스도입니다. 이것을 이름하여 세상 나라라고 말씀합니다.

> "일곱째 천사가 나팔을 불매 하늘에 큰 음성들이 나서 이르되 세상 나라가 우리 주와 그의 그리스도의 나라가 되어 그가 세세토록 왕 노릇 하시리로다 하니"(계 11:15).

일곱 눈은 만왕의 왕을 상징합니다. 세상을 보시는 눈입니다.
사도 요한이 본 예수님의 눈은 불꽃과 같습니다. 모든 것을 보십니다.

> "촛대 사이에 인자 같은 이가 발에 끌리는 옷을 입고 가슴에 금띠를 띠고 그의 머리와 털의 희기가 흰 양털 같고 눈 같으며 그의 눈은 불꽃 같고 그의 발은 풀무불에 단련한 빛난 주석 같고 그의 음성은 많은 물 소리와 같으며"(계 1:13-15).

예수님의 눈은 불꽃과 같은 눈입니다. 세상의 눈이 만들어가는 흑암의 세력을 물리치고 교회와 성도에게 주시는 영광의 눈빛이십니다. 사도 요한의 입장에서 보면 그 시대는 이미 예수님이 만왕의 왕으로서 준비를 다 갖추신 것입니다.

사망과 음부의 권세도 있으시고, 일곱 인의 비밀도 아시고, 그날과 그때도 주관하시며, 세상의 모든 기능의 눈을 닫으실 준비를 이미 다 갖추고 계신 것입니다. 모든 준비가 되었으니 역사의 과정, 절차를 밟으실 뿐입니다. 이것을 너무도 잘 아는 천사들이 미래 역사의 목록을 점검하면서 오늘도 실행하고 있습니다.

복음서의 그날과 그때는 이미 아버지 하나님의 권한에서 예수님의 권한으로 위임이 되었습니다. 더하거나 감하지 못할 명백한 날을 주셨습니다. 그것이 1,260일과 1,260일입니다. 앞에는 한 때와 두 때와 반 때라고 하고, 뒤에는 마흔두 달의 권세라고도 말합니다.

이 전후 상황이 그때의 증거인 것입니다. 선입관에 사로잡혀 미래를 흐릿하게 하는 모든 불신앙적인 요소를 정결하게 해야 합니다.

메타버스와 요한계시록(5)

2021년 메타버스와 관련한 이야기가 세계 이슈로 등장하였습니다.

세계 5대 정보통신기술(ICT) 업체(애플/구글/MS/아마존/페북)에서 페이스북의 창업자 마크 저커버그의 새 기업 메타는 향후 시대와 자본의 흐름을 좌우하게 될 것입니다. 우리나라의 경우에는 삼성만이 세계 100대 ICT 기업 중에서 하나로 진입하였습니다.

언택트 사회(비대면 사회)의 진취적인 우리 정부는 먼저 교회의 일상을 비대면 예배라는 것으로 현장예배의 기능을 대체하는 데 성공을 이뤘습니다. 이 비대면 예배라는 압박은 빠르게 교회 전반에 일상적인 수준으로 자리를 잡았습니다.

올해 겪은 새로운 시대의 흐름에서 줌을 통한 일자리 교육, 유튜브로 전하는 동영상 설교, 메타버스의 영향으로 이노뎁 기업의 주식까지 오른 이야기가 이슈로 다가옵니다. 안방 드라마는 성적 취향으로 몰아가고, 이슬람을 미화하고, 먹방과 놀이문화에 집착하는 면을 보여줍니다. 점점 도덕 기준은 무뎌지고 폭력적으로 기울어집니다.

아브라함 시대에 소돔과 고모라와 그 이웃 도시들이 일상을 타락으로 채웠듯이 우리는 도시의 타락한 일상을 밤낮으로 보고 들으며 심령이 상하는 롯의 마음을 헤아리게 될 것입니다.

> "무법한 자들의 음란한 행실로 말미암아 고통당하는 의로운 롯을 건지셨으니 (이는 이 의인이 그들 중에 거하여 날마다 저 불법한 행실을 보고 들음으로 그 의로운 심령이 상함이라)"(벧후 2:7-8).

어느 시대든 이 정도이면 악한 도시를 떠나야 함에도 불구하고 여전히 나약한 그대로 자신을 방임하게 됩니다. 이미 세계는 도시 문화권이 형성되어 글로벌 수치(사분의 일)를 가지고 있습니다. 심지어 아프리카 국가라고 해도 도시권은 중심에 서 있습니다.

MS의 빌게이츠는 일정한 여건이 조성되면 2022년에 코로나19가 종식될 가능성이 있다고 말합니다. 시작과 종식에 따른 기간이 삼 년 정도라니 놀랍습니다. 이는 시사하는 바가 참으로 큽니다. 앞으로 큰 지진이 이처럼 다가올 것입니다. 성경의 이해를 전제하여 말합니다.

미래설계자 일론 머스크의 계획대로 대기권에 5G 통신위성이 5만 개 이상 설치되면 국경 없는 인터넷 세상이 펼쳐지고, 그 위에 메타버스 플랫폼들이 자리를 차지하면 향후 10년, 20년, 30년에는 어떻게 변할까요?

이 시점에 요한계시록 13장에서 지목한 우상생명체가 인공지능, 가상현실, 증강현실, 그 이상의 메타 세상에서 펼쳐질 것이라는 것을 짐작하게 만듭니다. 이것을 어느 학자는 데이터 제국이라고 말하기도 합니다. 양자컴퓨터는 이것을 실현할 것이라고 전합니다.

> "그가 권세를 받아 그 짐승의 우상에게 생기를 주어 그 짐승의 우상으로 말하게 하고 또 짐승의 우상에게 경배하지 아니하는 자는 몇이든지 다 죽이게 하더라"(계 13:15).

인간은 세상에 우상생명체를 만들고, NFT블록체인과 같은 기능은 경제를 통제할 데이터 시스템을 제공하며, 인류로 하여금 바벨탑으로 이끌 것입니다. 이 세계를 큰 성 바벨론이라고 지목한 성경의 경고를 보고 깨어 있어야 할 것입니다.

> "누구든지 이 표를 가진 자 외에는 매매를 못하게 하니 이 표는 곧 짐승의 이름이나 그 이름의 수라"(계 13:17).

이처럼 구체적인 시대의 상징인 무화과나무 잎이 무성함을 보면, 여름이 가까이 왔다는 현실을 보면서도 깨어 있어야겠다는 결심이 없다면 복음서에 비유로 말씀하신 다섯 신부의 신실함은 기대하기 어렵습니다.

성경의 말씀이 마지막 시대를 앞서 기록하고 있기 때문에 우리는 미래의 목록을 보고 체크하면 되는 것입니다.

참고한 미래의 목록이 없으면 교회는 어디로 가겠습니까?

그래서 요한계시록의 말씀이 너무나 소중한 진리인 것입니다. 요한계시록에는 미래의 구체적인 목록이 새겨져 있습니다. 다 아는 것처럼 자만에 빠지지 말고, '거기서 거기'라는 멸시를 하지 말고, 겸손히 하나님 말씀 앞에 서야 합니다. 대부분 목회자들의 무천년설 또는 현재천년설에 대한 신봉이 교회의 미래 지식을 닫아버립니다.

천사의 품격과 협업

예수님이 승천하신 날에 가신 그대로 다시 오실 것이라고 위로의 말을 건넨 두 천사가 있습니다.

그들은 누구일까요?

예수님에 관하여 가장 중요한 순간에 나타나 그 일들을 증언하는 천사들입니다. 예수님의 탄생에서도, 예수님의 죽음에서도, 예수님의 승천에서도 그 천사들이 증거합니다.

그 중에 한 천사는 가브리엘입니다.

그에게 명령하는 위치에 있는 천사는 미가엘 천사장입니다. 미가엘과 가브리엘은 영원부터 시작하여 이 세상 역사의 시작과 끝에서도 관여하여 하나님의 뜻대로 이끌고 있습니다.

창세기에서 소돔과 고모라 및 그 이웃 성들의 심판에 따른 절차를 밟는 천사들로 나타납니다. 아브라함을 만나고, 저녁에 롯을 만나고, 동틀 때에 롯을 재촉하여 그 성에서 벗어나게 만듭니다.

> "그 사람들이 거기서 일어나서 소돔으로 향하고 아브라함은 그들을 전송하러 함께 나가니라"(창 18:16).

가장 뚜렷한 개입은 다니엘서에 있습니다.
미가엘과 가브리엘이 지정된 네 역사에 관하여 계시를 줄 때에 협업의 진수를 보여줍니다.

> "나 다니엘이 본즉 다른 두 사람이 있어 하나는 강 이쪽 언덕에 섰고 하나는 강 저쪽 언덕에 섰더니 그 중 하나가 세마포 옷을 입은 자 곧 강물 위쪽에 있는 자에게 이르되 이 놀라운 일의 끝이 어느 때까지냐 하더라"(단 12:5-6).

이 놀라운 일의 끝이 어느 때까지입니까?
가브리엘이 미가엘 천사장에게 질문합니다.
이는 바벨론 포로 70년과 70이레 그리고 그 역사 안에서 일어날 2,300주야 또는 1,290일 또는 1,335일에 모두 이뤄지는 그 끝을 말하고 있습니다. 이 네 역사의 시작과 끝을 담당하고 있습니다.

물론 우리 시대의 미래까지도 말하고 있지만 간간이 또는 듬성듬성일 뿐입니다.

미가엘 천사장은 가브리엘에게 속히 이 일들에 대하여 다니엘에게 가르쳐 줄 것을 말합니다. 그런데 가브리엘이 메대와 바사에서 묶여 있어 헬라가 일어날 시기에 긴급한 일이 발생하자 미가엘의 도움으로 해결하고 21일 만에 다니엘에게 옵니다. 이는 다니엘의 금식 기도의 타이밍으로 다가옵니다.

미가엘 천사장과 가브리엘은 다니엘서의 핵심인 네 제국을 이끌고 있습니다. 그러나 여기서 끝이 아니라 남은 세 제국에서 역할이 있기에 그 사역을 지속합니다.

그것이 예수님의 초림과 예수님의 시험 그리고 예수님의 죽음과 부활과 및 승천에서 두드러집니다. 감람산에서 예수님의 승천이 있을 때에 그 현장에서 다시 오실 것이라는 예언을 합니다.

"올라가실 때에 제자들이 자세히 하늘을 쳐다보고 있는데 흰 옷 입은 두 사람이 이르되 갈릴리 사람들아 어찌하여 서서 하늘을 쳐다보느냐 너희 가운데서 하늘로 올려지신 이 예수는 하늘로 가심을 본 그대로 오시리라 하였느니라"(행 1:10-11).

그러다 사도 요한의 때에 다시 나타납니다. 이 요한계시록의 말씀을 가브리엘의 도움으로 천국과 이 일 후의 일들을 요한이 알게 됩니다.

"예수 그리스도의 계시라 이는 하나님이 그에게 주사 반드시 속히 일어날 일들을 그 종들에게 보이시려고 그의 천사를 그 종 요한에게 보내어 알게 하신 것이라"(계 1:1).

"이것들을 보고 들은 자는 나 요한이니 내가 듣고 볼 때에 이 일을 내게 보이던 천사의 발 앞에 경배하려고 엎드렸더니"(계 22:8).

특별히 예수님의 대변화의 증거를 밝혀줍니다.
그 내용은 다음과 같습니다.

만왕의 왕으로 사망과 음부의 권세(계 1:18)를 받으시고, 하나님의 일급 비밀이었던 일곱 인의 세계를 위임(계 5:7) 받으심과 재림으로 오셔서 만왕의 왕의 친정이 있을 것(계 19:15)에 대하여 자세히 가르쳐줍니다.

미가엘과 가브리엘은 사람의 형상으로 역사 가운데 다가옵니다. 이는 천사의 최고 품격입니다. 사람의 형상으로 친근히 다가옵니다. 창세기부터 요한계시록까지 천사의 모습이 사람으로 형용한 것은 두 천사만이 그렇습니다.

천사는 대부분 두 날개 천사로 있습니다. 에스겔에게 나타난 그룹 천사들, 이사야에게 나타난 스랍 천사들은 그 날개의 4개, 6개로 권위를 나타냅니다. 그런데 사람의 모습으로 활동하는 천사는 단지 미가엘과 가브리엘 천사입니다.

　천사들이 천국에서 본 것처럼 세상에서, 역사에서 이룰 것은 예수님의 나라입니다. 그 절차에서 일곱 재앙들과 아마겟돈 전쟁은 마지막 천사들이 행할 일들입니다. 예수님의 나라의 상속자인 성도는 천사들의 섬김이 따릅니다. 이 멋진 날을 이루는 것이 완성입니다.

　두 천사는 영원에서부터 세상 끝까지 창조주 하나님의 계획과 뜻이 예수님 안에서 다 이루기까지 그 곁에서 순종의 길을 걸어왔습니다.

　창조주 하나님의 깊이에 있던 타락한 천사들에 대한 교훈이 끝나자 지옥의 형벌로 마치고, 흙으로 빚어졌지만 하나님의 생명으로 시작하여 영원한 직위에 오른 인생을 통하여 모든 교훈을 마칩니다.

　두 천사의 영원에서 세상까지 그리고 세세토록 그 깊이의 신뢰는 사랑입니다. 그렇습니다. 믿음, 소망은 끝나고 남은 것은 영원한 사랑입니다. 우리는 이 영원한 사랑으로 다가갑니다. 천사들도 알고, 우리도 알고 있습니다. 하나님은 진정으로 사랑이시라는 것을 말입니다.

　이 사랑은 세상 중에서는 예수님의 나라에서 최고점에 도달할 것입니다. 베드로는 이것을 의라고 했습니다. 사도 요한은 성도들의 캠프로, 사랑하시는 성이라고 말합니다.

모순을 검증하며
다시 말씀으로 회귀하네

성경 말씀 속, 특별히 계시에 관한 많은 해석 중에서 참으로 신실한 해석이나 진리는 어떻게 인정되는지에 대해 알고자 합니다. 해석에 있어 모순인지 아닌지를 검증하는 키워드는 역사, 구원, 상급입니다.

역사는 일곱 세계사이고 그중에서 이스라엘과 관련한 역사를 과거, 현재, 미래까지 관철하는 것입니다. 대개 이스라엘의 역사를 신약의 말씀까지로 한정합니다. 이는 복음적인 면에서만 인정하고 이스라엘의 역사는 이후로 외면하는 것입니다.

여기서 영적인 측면이 강조되다 보니 누구나 영적 이스라엘이 되고, 그러다 보니 역사적으로 살아 있는 이스라엘을 외면하게 됩니다. 이는 대단히 잘못된 판단입니다. 이것은 바로잡아야 합니다.

이스라엘과 관련한 역사는 과거로 끝난 것이 아니라 현재의 이스라엘 그리고 미래의 이스라엘로 보고 다시 정립해야 합니다. 이 역사 키워드는 일곱 뿔, 일곱 머리, 일곱 산, 일곱 왕, 일곱 역사, 일곱 나라입니다. 이에 대한 해석이 바르게 되어야 합니다.

또한 '현재라는 시점은 언제인가?' 하는 선명한 기준이 필요합니다. 이는 우리 시대를 재는 척도이기 때문입니다.

첫째로 현재란 사도 요한이 요한계시록을 기록한 시기를 말합니다. 다른 제자들과 삼십여 년의 차이를 두고 받은 하나님의 말씀은 더 깊고, 더 자세한 말씀으로 보충해 주고 있습니다. 그래서 이 시기를 대변화의 시기로 봐야 합니다.

이런 변화를 읽지 못하고 복음서, 서신서에 집중하는 것은 우리 시대의 불확실을 가중시키는 요인이 됩니다. 그래서 복음서의 그날과 그때에 대한 이해도 부족한 것입니다. 요한계시록에 대한 편견은 여전히 두 선지자의 출현, 예루살렘 성, 예루살렘 성전, 적그리스도, 거짓 선지자에 대한 구체적인 내용을 파악하기 어렵게 만듭니다.

둘째로 현재란 복음서에 제시된 재난의 시작이라는 시기를 어디에 두느냐 하는 것인데 그것이 일곱 인의 비밀에서 밝혀준 땅의 사분의 일 범위라는 것으로, 글로벌 팬데믹 현상이 일어나는 시대를 현재라고 말합니다.

이 현상의 대표적인 것은 전쟁, 전염병, 큰 지진, 기근입니다. 이 현재를 견인하는 것은 일곱 세계사와 그 안에 벌어지는 무수한 전쟁사, 특별히 사상에 바탕을 둔 전쟁이 특징으로 지목됩니다.

셋째로 현재란 여섯째 역사, 여섯째 나라로 오늘날 21세기를 가리킵니다.

우리에게 일곱째 역사는 큰 환난의 시기를 가까이 두고 있는 것입니다. 이스라엘과 관련한 과거, 현재, 미래란 다섯은 망하였고, 하나는 있으나, 마지막 하나가 나오면 잠시 있다 멸망한다는 비밀 중에 그 내용이 해석됩니다.

구원에서 보면 단지 구속사의 관점에서만 머문다는 것인데, 이것은 장점이지만 부족합니다. 구속사는 예수님이 그리스도라는 구원에 집중하는 것입니다. 구약의 말씀을 이 입장에서 푸는 것은 옳은 것입니다. 그러나 구약이라도 예언서의 입장에서 보면 하나님의 공의가 선명합니다. 그 안에 중심을 차지하고 있는 것이 상벌입니다.

이 상과 벌은 구체적으로 예수님의 재림과 통치라는 보다 현실적인 대답을 줍니다. 이는 아주 현실적인 것인데, 삶이라고 보고 크게는 역사라고 말합니다. 예수님의 재림 이후에도 현실과 역사는 존재합니다.

그러나 구속사에만 머물면 예수님의 재림은 마치 하나님의 심판처럼 천국과 지옥으로 끝나는 것입니다. 그래서 요한계시록 말씀의 기초에서 멀어지는 것입니다. 반드시 속히 일어날 일들이라는 것과 그 안에 두 번의 1,260일과 1,000년이 없어지고, 예수님의 나라, 마귀의 천 년 결박과 곡과 마곡을 허공으로 날려 보내게 됩니다.

구원에 관련한 복음은 이방인의 복음과 이스라엘의 복음으로 구분됩니다. 이방인의 충만한 숫자가 차면 이스라엘로 넘어갑니다. 이방인의 충만한 숫자는 무엇으로 알까요? 역으로 보면 모든 민족이 복음에 대해 거부할 때가 올 것입니다. 그러면 이스라엘의 복음이 올 것입니다.

현실적인 증거로는 이스라엘에서 예루살렘 성전이 세워지고 두 선지자가 출현하면 이방인의 복음이 닫힌 것을 알게 될 것입니다. 그렇다면 남은 것은 1,260일의 복음과 1,260일의 큰 환난으로 이를 통해 상벌의 구별을 뚜렷하게 할 것입니다. 이것이 예수님의 재림의 시기인 것입니다.

형벌은 마지막 시대의 판단으로 이마와 오른손에 짐승의 표를 받은 자들과 그 연합한 세력들이 아마겟돈 전쟁에서 비참한 죽음을 맞고, 큰 환난에서 핍박받고 인내하며 순교한 성도들이 큰 상급을 받는 것입니다.

큰 상급이란 천국에서 받는 것이 아닙니다.
구체적으로는 천국에서 준비하여 세상에서 받는 것입니다.

"기뻐하고 즐거워하라 하늘에서 너희의 상이 큼이라 너희 전에 있던 선지자들도 이같이 박해하였느니라"(마 5:12).

이 말씀에 의하면 천국에서 상을 받는 것입니다.

그러나 이는 궁극적인 메시지로 아래의 절차가 있음을 상기시킵니다. 과연 모순일까요? 지혜와 계시의 영이신 성령님의 인도가 있기를 바랍니다.

죽은 자는 부활하여 다시 살아나고, 살아 있는 자는 변화하여 공중으로 올라가서 예수님을 만나는 것입니다. 이것을 첫째 부활이라고 말씀합니다. 세상에서 받는 것입니다. 여기서 절차는 예수님의 친정으로 아마겟돈 전쟁의 승리에 환호하게 되고, 창조주 하나님의 선언으로 새롭게 변화되는 세상을 보게 되고, 새 예루살렘 성 그 예수님의 나라가 세워지는 것을 보게 되고 드디어 예수님과 함께 천년의 행복을 누리는 것입니다. 이처럼 상급이란 세상에서 받는 것입니다.

그 마지막의 끝에서 드디어 하나님의 심판이 일어나니 마귀와 귀신들, 곡과 마곡이 지옥으로 처리되고, 무저갱에서 고통받던 불신자들이 지옥으로 떨어지고, 예수님의 나라에 있던 첫째 부활의 성도들이 천국에 들어갑니다.

그때에 낙원에 머물던 성도들의 영혼이 부활하여 천국에 들어가는 것입니다. 이것을 마지막 부활이라고 말합니다. 그러면 마귀도, 세상도 없어지고 오직 천국과 지옥만이 영원함을 드러냅니다. 아마도 궁극적으로 영생복락이 제일 큰 상의 의미일 것입니다. 그러나 이것은 구원의 선물입니다.

"또 내가 크고 흰 보좌와 그 위에 앉으신 이를 보니 땅과 하늘이 그 앞에서 피하여 간 데 없더라"(계 20:11).

땅과 하늘의 변천사는 지금까지의 처음 하늘과 처음 땅과 바다이고 그다음이 예수님의 재림과 함께 펼쳐진 새 하늘과 새 땅이며 그렇게 천 년이 일상화되면 본 절의 땅과 하늘이 됩니다.

이후에 비로소 천국과 지옥이 열리면 이 세상의 모든 것은 사라집니다. 세상의 무대였던 낙원, 무저갱, 우주, 바다와 땅과 강들과 샘들이 다 없어집니다. 누가 해석한 것이 중요한 것이 아니라 성령께서 가르쳐 주셔야 하기 때문에 이 세 면으로 살펴보며 체크하면 진리를 확실히 알게 될 것인데, 이것이 우리가 생각해야 할 점입니다.

거짓 선지자의 출현은 기독교 배경이고, 두 뿔처럼 나라, 국가 권력을 갖고 있는 권세이고, 용처럼 하늘을 비방하며 교회와 성도를 핍박하는 자들입니다. 이 대상에 포함된 종교는 천주교, 유대교, 이슬람교(회교)입니다.

"내가 보매 또 다른 짐승이 땅에서 올라오니 어린양같이 두 뿔이 있고 용처럼 말을 하더라"(계 13:11).

여기서 첫 번째 지정된 1,260일에 이스라엘의 영적 회복이 있기에 유대교를 빼면 천주교와 이슬람이 대상에 오릅니다. 이 두 세계에 인정을 받는 자로 나타날 것입니다. 다시 요한계시록의 말씀이 우리 시대의 양식임을 알고 교회와 성도를 위한 사랑의 수고를 더해야 할 것입니다.

■ 댓글

이방인의 충만한 수를 알 수 있는 것이 모든 민족의 복음에 대한 거부의 때이다. 신선한 관점이네요.

주기도문

(요한계시록 버전)

하늘에 계신 우리 아버지여,
하나님의 이름으로, 하나님의 나라로, 하나님의 뜻으로
이 땅에서 이뤄지기를 기도합니다.

우리는 만왕의 왕으로 오시는 예수님의 재림을 기대하며
의의 삶으로 준비하오니 도와주옵소서.

예수님은 오셔서 하나님의 공의를 이뤄
원수를 심판하시고, 거룩한 교회를 예수님의 나라로 완성하시니
첫째 부활로 나와 기쁨으로 맞이하게 하옵소서.

예수님의 나라에서 천 년의 행복을 누리다가
예수님과 함께 영원한 천국으로 가게 하옵소서.

우리는 언제나
예수님과 예수님의 나라를 사랑하오니
우리의 교회와 함께
오늘도 성령의 충만함으로 살게 하옵소서.

우리 예수님은 능력과 부와 지혜와 힘과
존귀와 영광과 찬송을 받으시기에 합당하오니
이 영광을 하나님이여, 받으시옵소서!!

예수님의 이름으로 기도합니다.

 **에필로그**

《요한계시록을 풀어 쓴 시》,《하나님의 소원》,《예수님의 나라》로 요한계시록을 강해하고 있습니다.

요한계시록의 방향과 목표는 그대로 교회 비전으로 투영됩니다. 이는 세상 나라가 예수님의 나라가 되는 것입니다. 일곱째 나팔을 가진 천사의 선언처럼 되었습니다.

- 세상 나라가 예수님의 나라가 되었다.
- 세상 나라가 그리스도의 나라가 되었다.
- 우리 예수님께서 세세토록 다스리신다.

이 얼마나 멋진 선언입니까? 그냥 멋진 시나리오가 아니라 구체적으로 나타날 역사의 완성입니다. 이런 세계에 눈을 뜨고 알린다는 사실이 사명처럼 다가옵니다.

요한계시록은 여기에 기록된 이 예언의 말씀입니다. 이것을 다르게 말하면 큰 책입니다. 일곱 인으로 봉인한 하나님의 일곱 비밀에 관한 내용을 이야기하고 있습니다.

큰 책은 이 두루마리에 기록된 예언의 말씀이며, 하나님의 일곱 비밀에 관한 내용으로 일곱 비밀은 일곱 세계사와 그 안에서 일어날 일들에 관한 메시지입니다.

이 큰 책이 하나님의 일곱 인으로 봉해졌지만 승천하신 예수님께 위임되면서 그 자세한 해석이 주어집니다. 그것이 작은 책입니다.

미가엘 천사장은 이 작은 책을 사도 요한에게 줍니다. 비유적으로 말하면 입에서 달다 배에서 쓰다는 것은 책임 또는 사명이 있다는 뜻입니다. 이것이 하늘 양식입니다. 하늘의 양식을 먹는 것은 이 글을 이해하고 믿음으로 하나 됨을 말합니다.

나의 이해는 지혜와 계시의 영으로 다가와 2020년에 《요한계시록을 풀어 쓴 시(詩)》로 나왔고, 2021년에는 《하나님의 소원》으로 깊어져서 출간되었습니다.

《예수님의 나라》는 이 땅에서 이뤄져야 할 24개의 항목을 목차로 다루며 그 하나하나의 완성을 그려주고 있습니다. 이 해석들은 나의 사명으로 확인되고 교회의 자랑으로 자리합니다.

《예수님의 나라》는 우리에게 있는 믿음의 목표를 선명하게 제시합니다. 역사적으로 일곱 세계사를 지목하고 세세하게 일어날 그 일들, 현상들을 다룹니다. 그것은 세상 나라(The Kingdom of the World)입니다.

2022년 싱그러운 봄날의 향기로 《예수님의 나라》를 출판하여 세상에 알립니다. 나는 이 주제가 교회 비전임을 밝힙니다.

나는 정말 기쁘고 스스로 자랑스럽습니다. 이 위대한 사역에 참여한 일꾼이라는 사실에서 나의 자긍심은 매우 높습니다.

큰 책을 알고, 작은 책을 이해하며 가장 힘든 시기에 요한계시록에 관한 강해로 기쁨을 나눕니다. 그 세 번째 책 《예수님의 나라》입니다.

이번 책을 출판함에 있어 사랑하는 나의 어머니, 이근숙 집사님의 믿음이라는 헌신으로 이뤄졌다는 사실에 감사와 기쁨이 더욱 큽니다.

요한계시록
예수님의 나라(Perfect Church)

1판 1쇄 인쇄 _ 2022년 5월 30일
1판 1쇄 발행 _ 2022년 6월 4일

지은이 _ 김성만
펴낸이 _ 이형규
펴낸곳 _ 쿰란출판사

주소 _ 서울특별시 종로구 이화장길 6
편집부 _ 745-1007, 745-1301~2, 747-1212, 743-1300
영업부 _ 747-1004, FAX 745-8490
본사평생전화번호 _ 0502-756-1004
홈페이지 _ http://www.qumran.co.kr
E-mail _ qrbooks@daum.net / qrbooks@gmail.com
한글인터넷주소 _ 쿰란, 쿰란출판사
페이스북 _ www.facebook.com/qumranpeople
인스타그램 _ www.instagram.com/qrbooks
등록 _ 제1-670호(1988.2.27)
책임교열 _ 최진희·이민경

ⓒ 김성만 2022 ISBN 979-11-6143-712-5 93230

책값은 뒤표지에 있습니다.
이 출판물은 저작권법에 의해 보호를 받는 저작물이므로 무단 복제할 수 없습니다.
파본(破本)은 구입처에서 교환해 드립니다.